酒とシンナー事情（英米追補）

毒か薬か 規制のイロハ

せきでん ひろし

はじめに

光陰矢の如しとはよく言ったものです。シンナー遊び（規制後は「乱用」という言葉が主流となる）が流行して、２０２２年でちょうど、50年の節目を迎えました。その興りの主役は、全共闘世代と彼らに直接、影響を受けた世代であったと言っても、過言ではありますまい。72年の規制前は無法状態で都会では街中で吸引する若者のグループを見かけたり、ＴＶニュースでも盛んに行為に耽る彼らの映像を流していたのを今でも鮮明に覚えています。

そして、今だからこそ、その時代に青年期を過ごした者、あるいは、かかる時代の継承者の一人として、シンナーとは何かを、改めて伝えておかなければならないことに気づくのです。しかも、誤解のないよう正しく伝えておかなければならない。これが、当時を知る人々の数ある中で、その時代と共にあった筆者の使命ではなかろうかと思っています。

今日のシンナー乱用対策・啓発は、60年代後半から70年代初頭のシンナー混乱期が引き金となって、72年に規制（「毒物及び劇物取締法」一部改正8月1日施行）が設けられたそのプロセスの上になるわけですが、規制に当たって人道的な配慮がなされてきたのかと言えば、必ずしもそうではなく、強硬に取締りに傾斜して行ったというのが実態かもしれません。

そのベースとなる当時の規制は、学生運動の鎮圧に注がれた時代の雰囲気を反映して、勢い取締りに向かわざるを得ない事情も影響したのでしょう、当時、規制の中味と言えば、唯一「三万円以下の罰金」でした。なぜ、その程度の罰則に収まったのかという点につきましては、本文で触れてまいることにしますが、乱用の抑止効果としては、それで十分有効に働くと判断したからではないかと思われます。

82年以降、罰則規定が強化されて行くにつれ、乱用者及び離脱・回復者の人権問題に拍車がかかって行くことになります。国としては、規制をベースとした対策、啓発に重点を置くあまり、そのことに関しては、逆に、疎かになる、つまり意識の外に置かれてしまっていたようにも見受けられないではありません。結果、社会的な偏見（ラベリングの問題）が蔓延して行った点では、反省の余地を残すところが出て来ざるを得なかったと言っておきましょう。

正しい知識によって、乱用はいけないことと我々国民が認識し、それが拡散するのであれば問題はないのですが、誤った情報を鵜呑みにする、または植え付けられることによって拡散され、我々が偏見の片棒を担ぐことになれば、それは行き過ぎた対策・啓発（過剰反応）というべきであり、当然のことながら、平常に戻して行く責務が我々に生じるのではないか、ということであります。

それでは、ここからシンナー乱用対策・啓発において、これまで正しいとされてきた一般的な認識を念頭に、これを俯瞰的な視点に立って、実際は、この問題はどうであるのか、どう扱うべきなのかを論証してまいりましょう。

目次

第二 シンナー規制と人権

第一　酒とシンナーは、同じ有機溶剤

◎薬理学的ポイント

酒とシンナーと薬物を対比させ考えた場合、シンナーは、薬物乱用防止対策・啓発の対象となっているものの、成分上、薬物に近いというよりは、酒に近く酒とシンナーは同じ有機溶剤として括られます。成分の中味については、酒はエチルアルコール。対しシンナーは主にトルエン、メチルアルコール、酢酸エチル（酢酸とエチルアルコール）からなります。

トルエンを使用したラットの実験によれば、シンナーに含まれるトルエンには、離脱（禁断）症状は出難い（広島大学医学雑誌［S60．4］［1］）という研究結果が出ています（メチルアルコール、酢酸エチルについては後述）。対し酒は、直接、摂取、即ち大量に体内に入りますので、依存症ともなれば、離脱（禁断）症状を覚悟しておかなければなりません。また、種類によって程度は異なるかもしれませんが、一般に薬物にも、同じく離脱（禁断）症状は起こります。

つまり、シンナーは一部例外（自殺願望など精神的に自暴自棄に陥って長期化・中毒化するケース）を除けば、（ある期間を通して）一過性で終わる可能性が高いと言えるでしょう。

❶「酒は百薬の長」か「百害あって一利なし」か

酒を愛する人は世の中には多かろうと思います。今は嗜みませんが、かつては筆者もそのうちの一人でした。何より酒を飲めば、ほんわかとした気分になり、至福のひとときを味わえます。人との会話の中では、話が弾み普段にはない円滑なコミュニケーションが図れます。それが酒を飲む者の楽しみであり、理由でもありましょう。

しかし、飲めば飲むほどに、酔えば酔うほどに、思考はぼんやりとして行き、その余韻を残しながらもそれまでの楽しかった時間はどこかに消え去ってしまいます。そして、やがて眠気が襲ってくる。この無意識裏に行なわれる心と体のリズムに乗ることで日頃の憂さが晴れるとも言えます。これがあるから、「また明日も仕事に頑張ろう」となるのです。

他方、酒には弊害もあります。飲み続ければ、手酌酒で一杯、また一杯と楽しかった酒、憂さが晴れる酒がいつしか寂しさを紛らす酒となり、酒量も増えて酒から抜け出せなくなってしまいます。つまりこの状態がアルコール依存と言われるものです。そして、他人への様々なトラブルと共に気が付けば体の随所にガタがきている。酒の「百害あって一利なし」といわれるゆえんは、ここにあるのかもしれません。

酒が我々にそのような害を及ぼすことを知りますと、酒の功罪のうち「罪」のほうに意識が向かいがちになります。ところが最近の研究では、酒は認知症予防につながるという報告もあって、それを耳にしますと途端に「酒も捨てたものではないな」と思うのですね。酒は少量にとどめれば「罪」から「功」に転化し、まさしく「百薬の長」となるわけです。

…とはいえ、今日の国際社会では、酒（アルコール）の評価は、どんな位置づけになっているのでしょうか。「百薬の長」か、それとも「百害あって一利なし」か。興味の尽きないところではあります。

❷ 世界保健機関（ＷＨＯ）などアルコールへの警鐘

⑴ 世界保健機関（ＷＨＯ）の警鐘

「２００４年にまとめられた報告では、本人の健康だけでなく、交通事故や暴力、自殺などにも注目。〝世界で（年間）２５０万人がアルコールに関連した原因で死亡、アルコールの有害な使用は、すべての死の３・８％を占める〟とされました」。他方、このような現状にあるにもかかわらず当時「アメリカ・日本など消極派の反対で、国際基準づくりには合意が得られず」という結果に終わりました。しかし、２０１０年になりますと、消極的ながらもようやく「アルコールの有害な使用を低減するための世界戦略」としてＷＨＯ総会で採択に漕ぎつけたようです（引用・参考「ＷＨＯ世界戦略への経緯」アル法ネット）［２］。ちなみに２０１８年のＷＨＯ報告によれば、飲酒が原因の死者数は３００万人に上り、世界の類別死亡者数の中では、５％（上記との対比で割合がアバウトですがそのまま掲載）を超えてきている現状があります。

（2）「アルコールの脳への影響」（参考記事）と画像各種

　習慣的な飲酒、少量でも脳に悪影響を及ぼす恐れ（日経グッデイ2022年5月9日）［3］
「1日にビールのレギュラー缶1本（350mL、純アルコール14g程度）前後の量であっても、習慣的な飲酒は脳に悪影響を及ぼす恐れがあることが、英国の中高年者約3万7000人を対象とした研究で示されました。（中略）・純アルコール8gを超える飲酒者は灰白質などが縮んでいた
　MRI画像に見られる脳の灰白質全体の体積と白質全体の体積は、飲酒量が増えるほど小さくなっていました。結果に影響する可能性のある要因（年齢、身長、性別、喫煙歴、社会経済

【画像1】飲酒継続により脳萎縮が進行した人のMRI画像

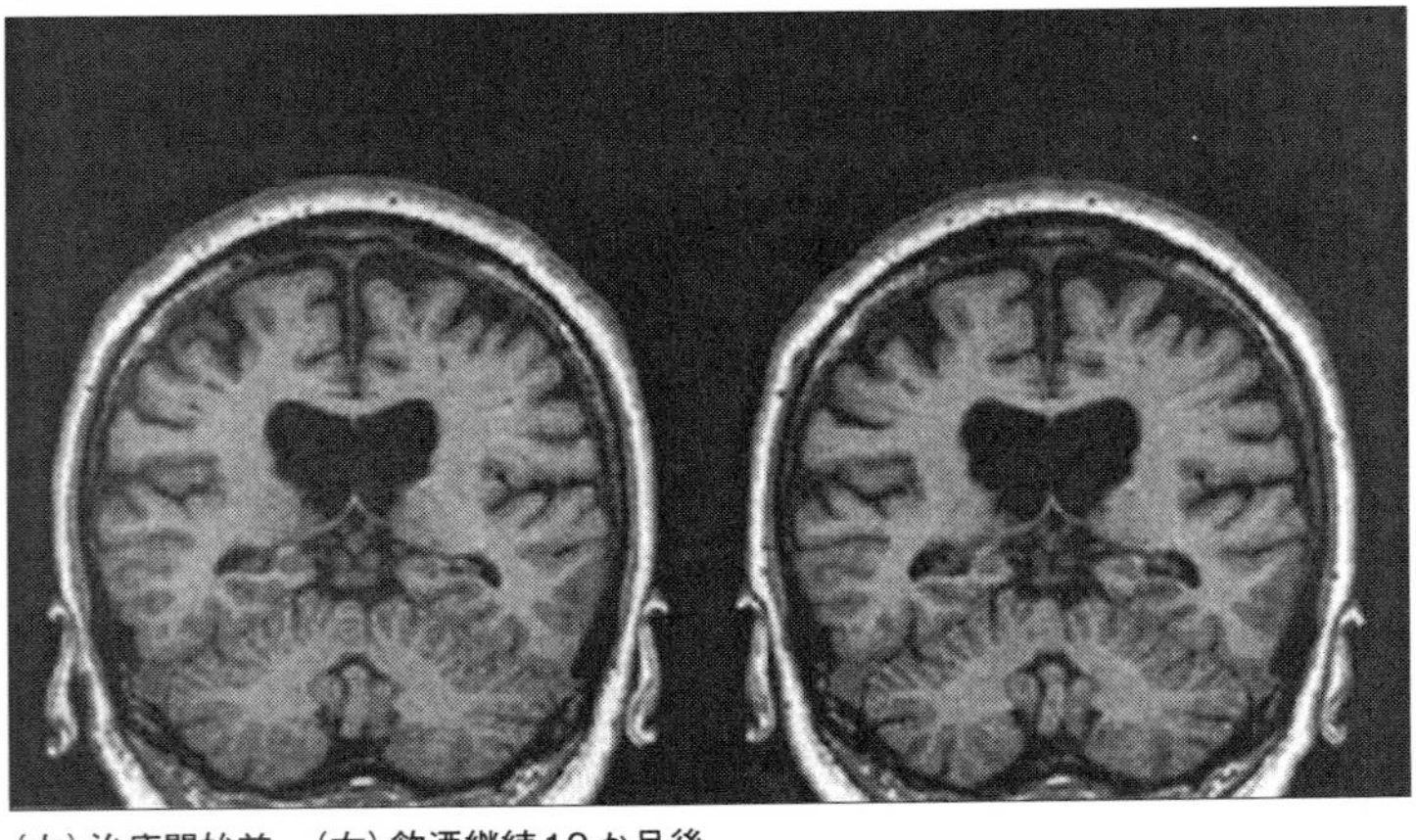

（左）治療開始前　（右）飲酒継続10か月後
「アルコールによる脳への影響」（長崎県HP・写真提供・久里浜医療センター）［4］

【画像2】脳萎縮のない人とある人のMRＩ画像比較

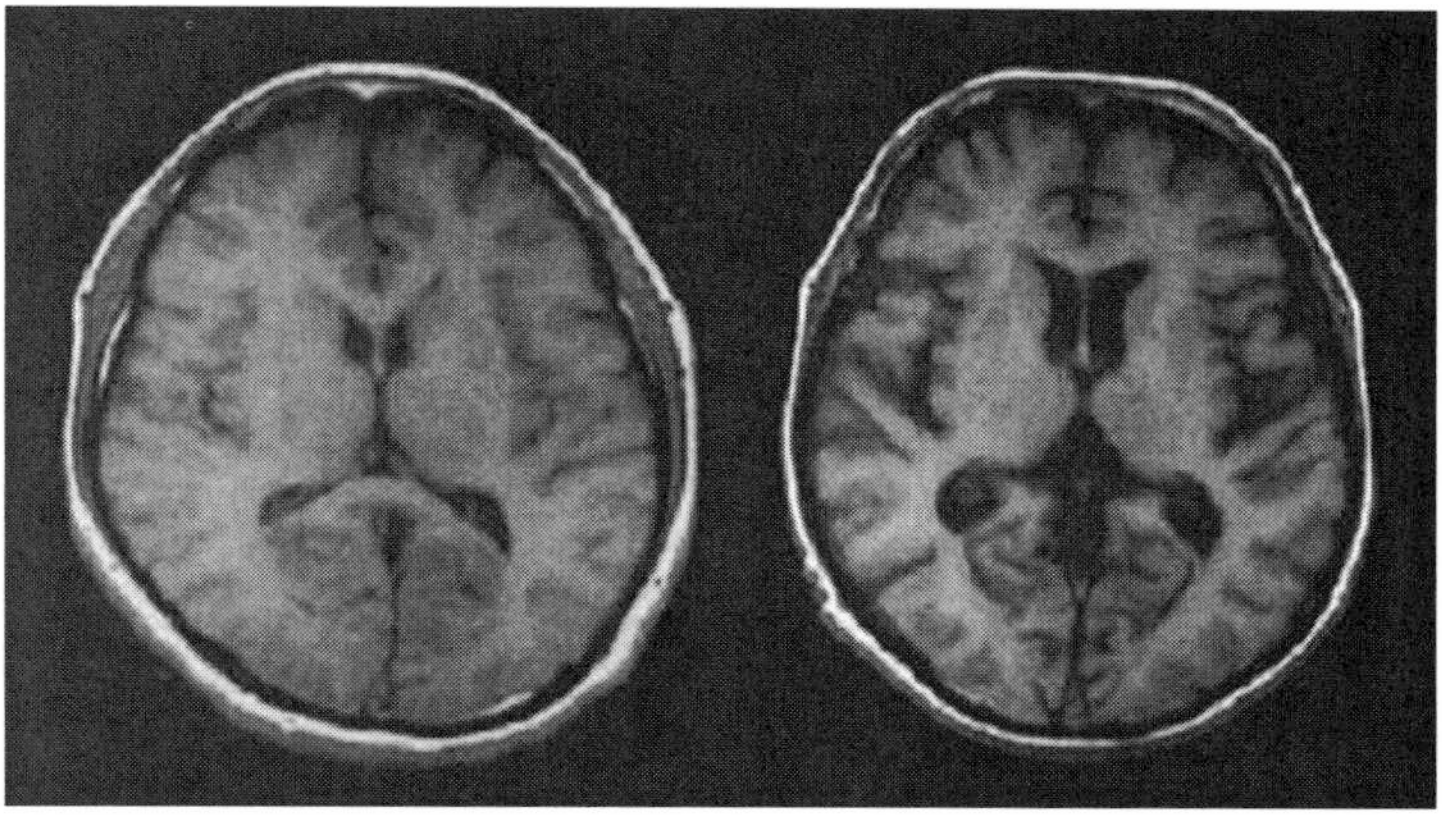

(左) 脳萎縮なし　(右) 脳萎縮あり
「アルコールによる脳への影響」(長崎県ＨＰ・写真提供・久里浜医療センター) [４]

【画像3】アルコールで縮んだ脳

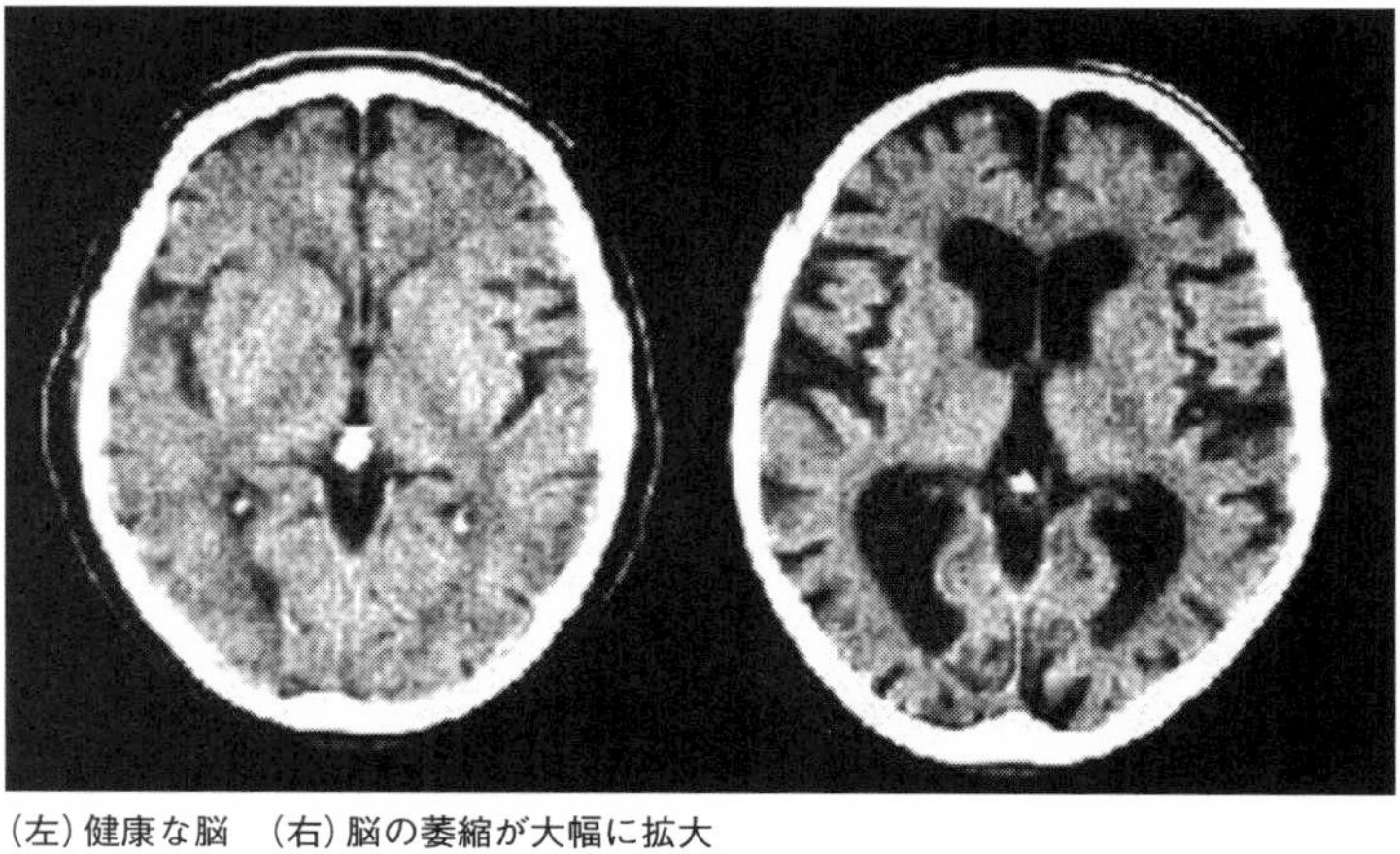

(左) 健康な脳　(右) 脳の萎縮が大幅に拡大
ＴＯＰページ「アルコールで縮んだ脳」(slidesplayer.net) 薬物乱用防止教室 [５] [６]

【画像４】シンナーを吸い続けた脳

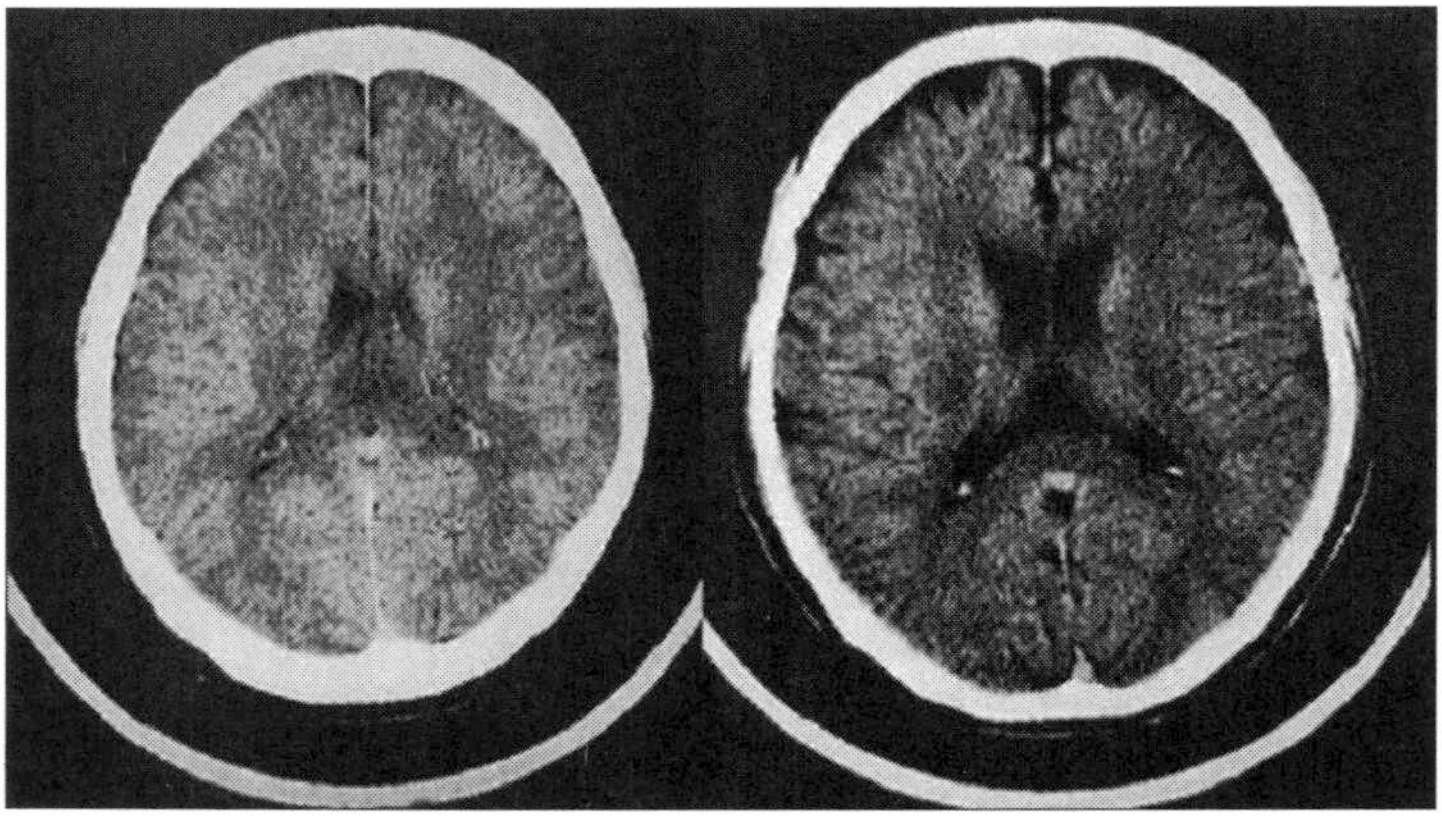

（左）（左）健康な脳　（右）シンナーを長期にわたり吸い続けた脳
ＴＯＰページ「アルコールで縮んだ脳」（slidesplayer.net）薬物乱用防止について考えよう［5］シンナーもアルコールと同様に脳を溶かします。

【画像５】断酒により脳萎縮が改善した人のＭＲＩ画像

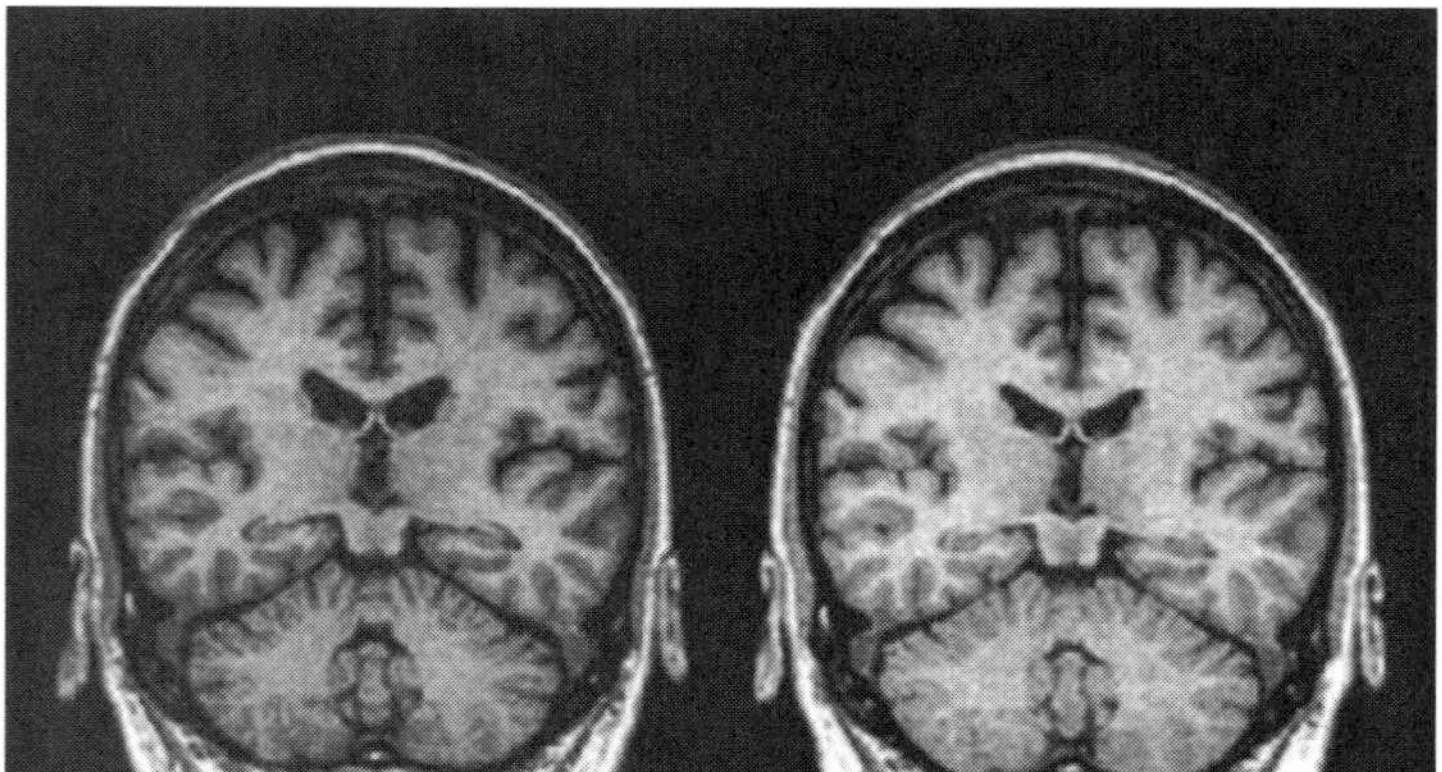

（左）断酒前　（右）断酒後
「アルコールによる脳への影響」（長崎県ＨＰ・写真提供・久里浜医療センター）［4］

的地位、遺伝的な背景など）を考慮した分析を行ったところ、1日に1単位（純アルコール8g）を超えて飲酒する全ての人において、それらの体積は有意に減少していました。男性、女性を分けて分析しても、同様の結果になりました。飲酒なし、または1日1単位以下の場合は、有意な変化は見られませんでした」（「日経Gooday　２０２２．４．20付記事を再構成」大西淳子・医療ジャーナリスト）

アルコールは、ずばりシンナーと同じ脳を溶かす有機溶剤です。その主成分…エチルアルコール（エタノール）など。

なお、画像各種は、記事に属するものではなく出典を異にします。
以上、記事と共に脳の画像をご紹介させていただきました。

❸アルコール・シンナーの共通点と相違点

シンナーの長期吸引が脳萎縮につながることは、その対策・啓発の効果によって、ある程度、周知されているようですが、酒の場合は、どうでしょうか。少なくとも20年、30年ほど前の時点では、すでに、それが一般に知られるようになっていたようです。

脳萎縮の詳しいメカニズムは、次回に譲ることとしまして、かれこれ30年前になりますが、個人的にその手の本を購入し読んだことがありますので、ここに1冊、ご紹介しておきます。

・『賢い脳の作り方』（BRAIN SCIENCE）、ブレインサイエンス特集「酒で脳細胞が溶かされる」（ｐ１００－ｐ１０４）クォーク編集部・講談社（平成6年5月1日発行）

さて、酒の害について、アウトラインだけでも押さえておきましょう。アルコールを飲み続けていますと、かなりヘビーに脳が萎縮して行くことは、画像２・画像３（前節２）のとおりです。

さらに脳萎縮の進行に伴って、人体の様々な面（部位）にダメージが現れるようになります。たとえば、言語障害、平衡感覚の乱れ、視力の衰え（主に弱視）・しびれ・麻痺、震え（＊1）など。ただ、肝臓等の内臓疾患（＊1）は、脳萎縮とは切り離して考えたほうが良いかもしれません。

（＊1）回復への道標…内臓疾患は、言うまでもなく即受診が必要です。（外部）機能面の治療については、ケース・バイ・ケースで、軽度であれば脳の回復と共に自然に治癒して行く場合もあり、またリハビリが必要な場合もあるでしょう。治り難いケースでは、脳機能にも相当なダメージを被っている可能性が高いと思われますから、重度となる前に各々の医療機関を受診することが最善であると考えます。

次に、脳への直接的な影響について考えてみましょう。脳内物質（神経伝達物質）に着目すれば、酒のみならずシンナーを含めてですが、摂取中・摂取後に関わらず、特異的な精神異常を惹き起こすような変調は、一般には聞かれません。しかし、かかる変調はないものの、酒の場合、摂取量が増加する原因については「神経伝達物質［ドーパミン］の受容体が増えるためである」、つまりドーパミン（多幸感をもたらす）が関わっているという研究報告（＊2）がなされています。

（＊２－１）〝飲兵衛〟はドーパミン受容体が増える 酒量増の仕組み解明（科学技術振興機構 Science Portal［２０２１．03．03］東北大学など研究グループ発表）［７］
（＊２－２）酒量が増える脳内メカニズムの解明 ドーパミン報酬系の異常が飲酒の増大をもたらす（東北大学大学院生命科学研究科［２０２１．02．18］）［８］

一方、シンナーの主成分の一つであるトルエンにも、多幸感を誘発するドーパミンの（受容体）増加が見られるとの研究結果が出ています。またシンナー吸引中の幻視については、セロトニン受容体の減少が関与しているとも言われています（広島大学医学雑誌［Ｓ60．４］）［１］。

あくまでも推測の域を抜けませんが、トルエンがドーパミンに作用を及ぼすということ以外に、飲酒（主成分エチルアルコール）にドーパミンが関係（ドーパミン受容体の増加［東北大学の研究］［８］）することから、シンナーの他の主成分、メチルアルコール（飲むには適さないアルコール）や酢酸エチル（酢酸を含むエチルアルコール）にもドーパミン受容体の増加の働きがあると思うのは早計でしょうか。

もっとも酒と違って摂取量（＊３）の問題がありますので、アルコールによって誘発されるドーパミンについてはどれほど人体に影響を与えるかはよくわかりません。ただ、かかる仮定が証明できることを前提に言えば、シンナーにも少なからず、その影響があるのではないかという推論は成り立つわけです。しかし、それが確かだとしてもシンナーの場合、揮発性ゆえに酒に比べ体内に入る量はごくわずかで、人体に与える影響としては、精神的依存という区分に含ませても差し支えない程度（＊３）になるのかもしれません。トルエンの量しかりです。

（＊３）これは、使用をやめるまでの摂取量が、酒に比べはるかに少量になると推定されることから、絶対ということではなく可能性として考えられるにすぎないものです。言い換えますと、メチルアルコール、酢酸エチルの（離脱症状の原因となる）身体的依存や耐性による人体に及ぼす影響はないに等しいということでもあります。あくまでこれは、推論上のアバウトな私見であります。

シンナー吸引中の幻視に影響するセロトニンについては、以下の研究があります。

・（トルエンを使用したラットの実験）「アルコール、モルヒネ等の薬物依存の耐性形成および離脱症状に、神経伝達物質の受容体の感受性変化が関連していると言われている。しかしながら、本実験においてトルエン反復吸入により脳内セロトニン受容体数の変化が認められたにもかかわらず、セロトニン症候群の出現頻度には耐性形成が認められなかった。臨床的にもシンナー中毒患者には耐性や離脱症状が出現しにくいことが報告されていることから、脳内セロトニン受容体の変化は耐性とは無関係と思われる」（「シンナー中毒の精神薬理学的研究」広島大学医学雑誌［S60．4］［1］）。

また、酒・シンナー、つまり有機溶剤の特徴として、脳の萎縮、言い換えれば壊死した脳に効く治療薬はありませんので、通常、悪化した脳、ひどく損傷した脳は、取り戻しができないと言われています。このことが、外部的要因では、脳に萎縮（壊死）が見られない、つまり、内部的要因で機能不全に陥った脳の神経回路（神経伝達物質には様々な種類がある）を薬によってコントロール・抑制して脳機能の改善を図る病気（うつ病、統合失調症など）とは大きく異なる点です。

繰り返しになりますが、アルコールには、精神的依存に加え、強い身体的依存、耐性（酒量が増える）が伴うことは、すでに記したとおりです。即ち、これは、飲酒の習慣に直結することを意味します。そして、一旦、アルコール依存（慢性中毒）になりますと、そこから離脱する際に見られる振戦せん妄（禁断症状として幻視［不快］・興奮など）の症状が起こります。

逆にシンナーでは、アルコールの特徴である身体的依存、耐性が形成され難いということで言えば、先に示したとおり、アルコールで生じた振戦せん妄も生じ難いことになります。しかし、それとは関係なく使用し続ければ間違いなく「画像4」（前節2）のような状態に脳が萎縮して行くことは避けられないでしょう。

あえて、とりあげるまでもないことですが、精神的依存については、シンナー、酒、薬物（場合によっては市販薬を含む）の区別なく共通して見られます。またそれは、差こそあれ、嗜好の問題として食生活の領域にも少なからず存在するようです。たとえば、「今日は、あれが食べたい、あのスープが飲みたい」と、ふと、イメージしてしまうことがあるように…ですね。

健康豆知識

●コロナ後遺症

脳に影響があるといえば、気になるのがコロナ後遺症に見られるブレインフォグでしょうか。ワクチンを接種してもコロナに罹ることがあるため、近頃、身近な問題としてクローズアップされてきています。症状は、頭に霧がかかったようになり、気分はもやもやして晴れず、何もしたくなくなるという倦怠感が特徴のようです。『ネイチャー』誌によれば、感染による脳への不可逆的な影響（壊死・損傷＝空洞化）［9］が原因との見方も…。

・The Daily Digest（Zeleb.es）「新型コロナウイルスが脳に与える破壊的影響…新型コロナウイルスが脳に影響を与える?.」２０２３．１．13［9］

●醤油の害

「体重10ｋｇの子供の場合で20ｃｃ～２５０ｃｃ。体重50ｋｇの成人の場合で１４０ｃｃ～１２

５０ｃｃが致死量」［10］となります。毒といえば、毒草、フグの肝などが思い浮かびますが、なんと我々の食生活には欠かせない醤油も使い方を間違えると、決して侮れない害になるとのこと。これには意外に思われる方も多いのではないでしょうか。

・「醤油の大量摂取は死に至る場合があります」（全日本民医連医療安全委員会　２０１０．12．17）［10］

●参考サイトのご紹介

・「依存症とは」精神依存…「精神依存だけでは離脱症状は生じない」（「３　精神依存と身体依存」医療支援組織ウィサポート）［11］

・「依存症とは」身体依存…「離脱症状は、身体依存が形成され血中に薬物があることが前提で保たれていた細胞の平衡状態が血中に薬物がなくなることによって保てなくなり、病的な身体症状が出現することをいう」（「３　精神依存と身体依存」医療支援組織ウィサポート）［11］

❹シンナー吸引による症状ついて、その「実」を考察

（1）人体に及ぼす影響…部位

もともとシンナーは工業用の有機溶剤であり、酒のように飲む有機溶剤ではありません。そのダメージについては、回数を重ね揮発する蒸気を吸引し続けることで、最初に歯のエナメル質に損傷を与えます。次に使用が長期間継続した場合、酒と同様、平衡感覚の乱れ・視力の衰え（比較的暗い場所で日々同じモヤがかかる・見える）・何かを持ったとき手の震えがある（＊1）など、人体に支障をきたすようです。幸いシンナーには、その成分から身体的依存、耐性はない（正確には、起こり難いというほうが良いかもしれません）と言われていますから自分の意思で離脱は可能です。

（＊1）回復への道標…溶剤によって歯のエナメル質に損傷が見られたとしても、乱用が（ある期間を通じて）一過性で収まる場合、機能面（外部的なもの）に支障はないといえます

が、仮に視力・手の震えなどの症状がある場合は、人体に影響が出はじめているサインとみて間違いないでしょう。その際は、いち早く医療機関を受診すべきと思われます。

しかし、逆にシンナーの使用頻度が少ない場合は、酒のように酔い（耽溺行為）から覚めたら普通の状態に戻りましょう。つまり、何事もなかったかのように日常生活を送られるわけです。ところが、長期にわたる使用になりますとまったく様相が異なってまいります。上に掲げた症状の他、継続使用（慢性効果）で、手足が麻痺してしまった多発神経炎（＊2）の事例（女性が10年程度使用［広島県医師会］［12］）がありますし、もう一つ、これとは異なりますが、使用をやめた後、一部には、幻視・幻聴、言うなればフラッシュバックに悩まされるといった報告もあるようです。ただ、この報告を正しい情報として捉え、疑いのないようにするためには、一方に、それなりの合理的根拠が必要となるのは言うまでもありますまい。

（＊2）多発神経炎（感覚鈍麻を惹き起こす疾患）
「左右対称的に下肢の遠位部から始まり、筋力低下、感覚障害が上行します。原因としては糖尿病、尿毒症、アルコール中毒、ギラン・バレー症候群、n－ヘキサン中毒、遺

伝性慢性多発性神経炎、急性炎症性脱髄性多発神経炎、慢性炎症性脱髄性多発神経炎などです。

多発神経炎の特徴は、左右対称的にしかも手袋と靴下をするところの感覚が強く障害されることです。このため、「手袋靴下型の感覚障害」ということもあります。」（家庭の医学［時事通信［13］）

上記例の中に、シンナーの継続使用（上記例では10年程度）も含まれるということです。

（2）人体に及ぼす影響…症状への問い

シンナー乱用の場合、フラッシュバック（＊1）が実際にあるのかないのか、ということが気になるところですが、前節の「トルエンを使用したラットの実験」（広島大学医学雑誌［S60．4］［1］）に記されているようにトルエンには離脱症状（禁断症状）が見られないということでいえば、その報告は何が原因でそうなるのか、いささか理解に苦しむところです。

つまり、思考力に強く影響を与えるほどの脳の萎縮・壊死によってなのか、または脳の伝達物質が何らかの影響を受けてのことなのか、判然としないのです。アルコールのように依存症・慢性中毒にあれば、その可能性は否定はできませんけれども、そうでない限り、フラッシュバックは、シンナー成分の特性から言って生じ難いことになります。規制前（70年代前後）のシンナー経験者の弁としてもそういう体験はないとのこと。としますと、残された選択肢はただ一つ。シンナー乱用に問題があるのではなく、他の薬物との併用に問題があるのではないかと…。

仮にフラッシュバックが、一過性（ある期間を通じて）のシンナー乱用では生じないとしますと、長期間継続使用（慢性化）したケースを疑う必要があるでしょう。しかし、後者のケースでも、やはりその成分から考え、否の蓋然性が高いのではないかと…。その理由は、即ち、トルエンの持つ属性ですね。前節末尾の「精神依存」・「身体依存」（＊1）にありますように、それが身体（的）依存からもたらされるものであるとすると、辻褄が合わなくなるのです。つまり、シンナーには離脱症状が出現し難いということです。それゆえフラッシュバックは、後者のケースにおいても前者同様に考えて差し支えないのではないかと解します。

（＊1）「依存症とは」身体依存…「離脱症状は、身体依存が形成され血中に薬物があることが前提で保たれていた細胞の平衡状態が血中に薬物がなくなることによって保てなくなり、病的な身体症状が出現することをいう」（「3　精神依存と身体依存」医療支援組織・ウィ

サポート）［11］

薬物の場合、フラッシュバック（＊2）といえば、通常、離脱症状が現れるときに使う言葉でありますから、シンナーに離脱症状が見られないことでいえば、なぜ、そのような報告があるのかは、まったく不明という以外にはないわけです。ただ、他にその疑問に答えられる道がまったくないのか、求める道が閉ざされてしまうのかと言えば、それは否といわなければなりますまい。薬物には直接起因しない「心的外傷・トラウマ体験…心理的・内面的要素としてのフラッシュバック」（＊3）の線が、辛うじて残っているからです。

ところが、厄介なことに乱用者は、吸引中、多幸感を得ても、その行為について恐怖に思ってはいないはずですから、調査または診断に潜む死角としか言いようがない現実に直面するということは、やはり、薬物との併用でしょうか。こう考えますと、すべての論理が合理的に統合され、明確にされて行きます。しかしながら、心理的・内面的要素で生じるフラッシュバックが、必ずしもネガティブな要素のみで成り立つものでないとなれば、それは論理的には意味をなさなくなってしまいます。それゆえこの線は、残しておいて差し支えないのではないかとも思うのですね。

（＊2）フラッシュバックとは、過去に見た同じ記憶・夢がよみがえるとされるもので、一般的には規制物質（違法薬物）に多く見られる現象であると言われている。

（＊3）フラッシュバック（flashback）とは、強いトラウマ体験（心的外傷）を受けた場合に、後になってその記憶が、突然かつ非常に鮮明に思い出されたり、同様に夢に見たりする現象。心的外傷後ストレス障害（ＰＴＳＤ）や急性ストレス障害の特徴的な症状のうちの一つである。（「wikipedia」）［14］

かかる報告の幻視についていえば、離脱症状（禁断症状）がシンナーに見られないことから、断酒中の幻視に近いのか、上に記したように暗い場所でモヤがかかる・見える程度のもの（メチルアルコールの影響で悪化すれば失明に至る可能性もゼロではない）なのかは不明です。しかしながら、それが断酒中のように心理的負担のある不快な幻視（この項目の末尾に事例を記載）であるとすれば、やはり、飲酒を含め薬物（＊4）の影響を必ずしも否定できるものではないのかもしれません。

（＊4）離脱の際に生じると言われる薬物の幻視、またはフラッシュバックが、どのように見えるのか、どんな種類の薬物にそれが著しいのかにつきましては、次の機会に委ねたいと思います。

シンナーと薬物の対比では、72年夏、シンナー遊びが規制によりアンダーグラウンド化して以降は、規制前と比べ薬物がより身近なものとなり薬物使用のハードルが、下がっている現状も併せて考える必要があります。規制前であれば、シンナーと他の薬物との間に明確な一線があったのでしょうけれども、一旦、規制されてしまえば、同じアンダーグラウンドにある薬物の仲間に入りますから、仮にフラッシュバックの原因が薬物の使用にあれば、かかる報告は、このような状況を含めて考察したほうが見えてくるものはあるのかもしれません。

ただ、すべてがそこに収まるというものでもなく、成分を考えた場合、2つはまったく異種のものですから、身体的依存、耐性のないシンナーが、巷でいわれているように直接的に薬物使用の入り口となるとする見解については、いささか疑問を抱かざるを得ないのも確かです。少なくとも、規制前は、麻薬（今はトータルで薬物と呼ぶことが多い）イコール恐怖という認識が当時の若者の間には、すでに定着しており、麻薬とシンナーはまったく別ものと考えた者が多数を占めていましたので、とくにそう受け取れるのです。

ちなみに、当時の若者の多くは、遊び感覚でシンナーに耽ることはあっても、それが引き金となって麻薬に手を染めた者の話は聞いたこともないというのが、青年期をその時代に過ごした者の共通の認識ではなかろうかと思います。また、シンナーに耽る行為がシンナー遊びと言われる所以も、そのような事情が背景にあったりするのでしょう。規制後は、一般に乱用と言われるようになりましたけれども。

だからと言って、乱用を勧めているわけではありません。規制を軸とする現行の対策と方向性は異なっても、何らかの対策が必要なのは、申すまでもないことです。若者の置かれた状況を鑑みれば、強硬にならない程度の対策が必要であるということです。

(3)シンナーの幻視(多幸感)と酒の幻視(不快)

ついつい勢い余って話は、脱線してしまいましたが、ここで、もう一つの視点から幻視について考えてみましょう。

シンナー乱用に見る幻視は、離脱症状(禁断症状)から生じるリアルな幻視とは大きく異なります。その違いとして、初期の段階とそれ以降とでは、夢の状態に変化があるようです。「初期の段階に見る夢は、意識ある中で、色付き・モノトーンのリアルではないイラスト系の人物・もの、またはストーリ性のないアニメ漫画のような夢（睡眠中に見る夢と比べ現実性に乏しい）を一時的に見る。その後は麻酔作用により意識が混濁するも、やがて目が覚める。吸引回数が増えるうち、そのような夢は薄れて行くか、見なくなり、当初より酩酊状態へと移行する。つまり夢が記憶に残り難い段階に入り、使用初期の多幸感はあまり感じられなくなる。吸引の目的が多くの場合、夢を見て多幸感を得ることにあるところから、この段階では、使用から自然に遠ざかる」とも（規制前の全共闘世代等の弁）。

その点、重度のアルコール依存（慢性中毒での断酒中）になると、「体中を黒い小さな虫が這っている」虫などの小動物幻視（大分の精神病院・仲宗根病院）［15］や「畳の至る所からニョキニョキ指が飛び出してくる」（上記施設ではない他の事例）といった不快でリアルな幻視が現れるようです。つまり、これが酒の禁断症状による幻視。時に、フラッシュバックと言われるものです。

実は、幻視にはもう一つありまして、それは、体内に物質を取り入れたことが原因で起こる幻視ではなく、環境による影響で現れる幻視です。実験ではありますが、複数の被験者が数日間、音が遮断された暗い部屋で過ごす、その結果、半数程度の被験者が幻視を体験する（大衆向けの記事で一読)。日常的には、睡眠中の夢もその領域に入るでしょうから、一口に幻視と言ってもその幅は広く、現状、物質の摂取と環境の両者を隔てるものが何であるかは判然としない。ただ、共通して言えるのは、両者とも外からのリアルな情報が、十分に脳に到達していないことでしょうか。

◎参考サイトのご紹介

・「急性アルコール中毒の後遺症…残る確率は?軽度〜重度まで。脳に障害の可能性も」Medicalook/EPARK,Ink［更新日 2021-05-25・公開日 2020-03-13］［16］

・「依存症の当事者と家族のために」(アスク・ヒューマン・ケア)［17］

❺ アルコールの長所とシンナー乱用対策・啓発への工夫、その展望

・飲酒・シンナー吸引の場合、有機溶剤の特徴として脳へのダメージが軽いうちは、脳は元に戻ります。それは、「画像5」（第2節）で証明されることでしょう。何でもそうですが、早期に気づく、酷くなる前に叩く、一刻も早く自身に目覚めることが脳を守るには大切なようです。

・とくにシンナー（工業用アルコール、トルエン等の有機溶剤）は、そもそも体にとり込むような液体ではありません。当然、風紀・秩序も乱します。

・アルコールは、習慣的に飲むのは避けたいですが、飲むのなら日にちを空けて控えめにということでしょう。当然、風紀・秩序にも細心の注意が必要なことは、言うまでもありません。

(1)アルコールの長所

…しかしながら、アルコールは悪いことばかりではなく、少量なら、認知症（痴呆症）を防ぐ

効果があると言われているようです。

・e－ヘルスネット（厚生労働省HP）［18］から以下抜粋

アルコールと認知症「3　少量ないし中等量の飲酒と認知症について」

一週間あたりの飲酒量と認知症の危険性

【図】の飲酒量は350mLのビール一本相当（1・4ドリンク）を一本としています。また認知症の危険性とは、飲酒しない人が認知症になる危険性を1とした場合に、各飲酒量でどの程度認知症の危険性が増減するかということを示します。

このように1～6本程度の飲酒が認知症の危険性が最も低いという結果で、飲酒しないまたは大量飲酒す

【図】一週間あたりの飲酒量と認知症の危険性（高齢男性）

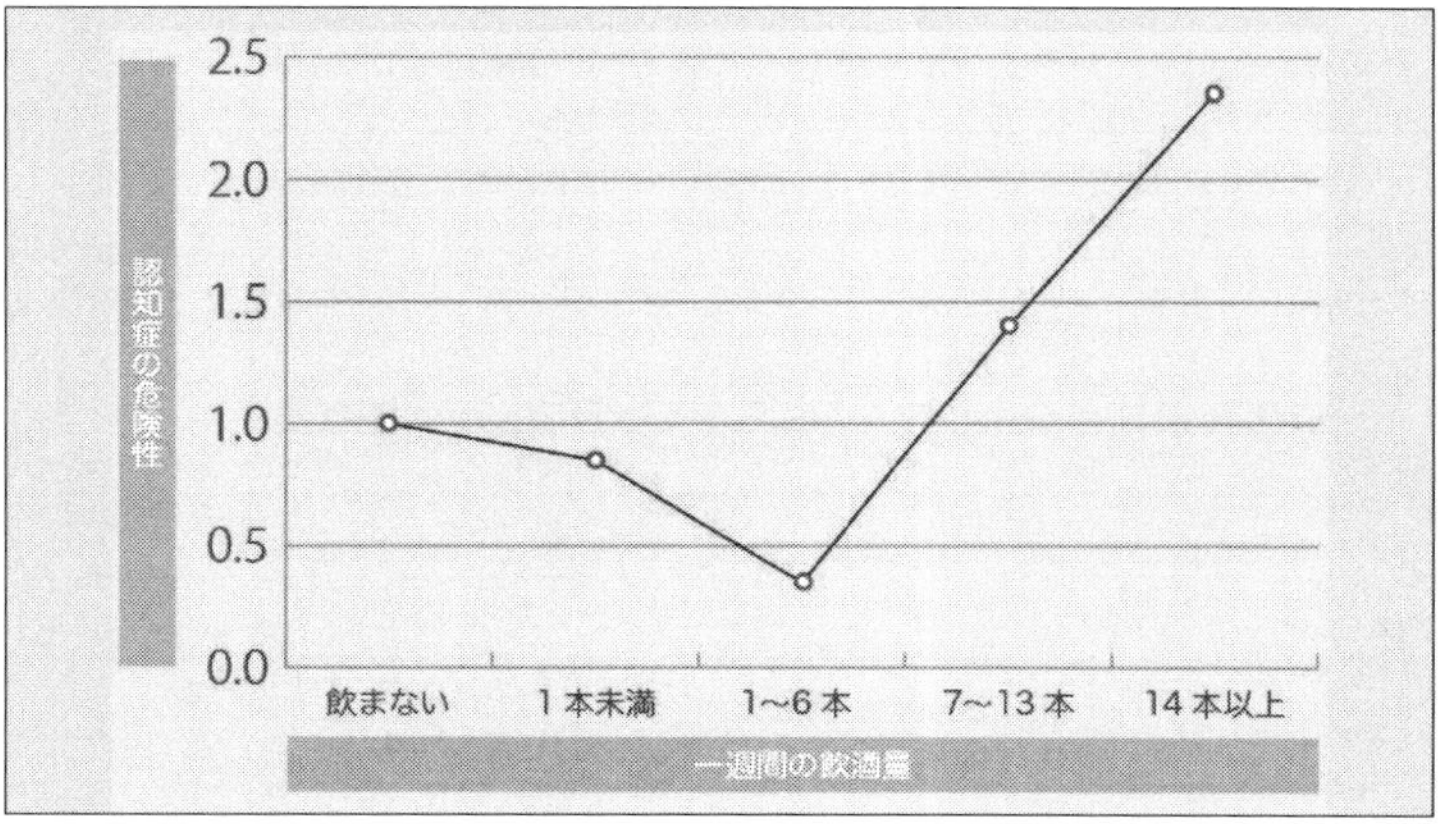

る人より少量飲酒する人のほうが認知症の危険性を下げる、言い換えれば少量飲酒は認知症の予防になる可能性を示唆しています。

(2)証明できない脳の不思議と現実

注意しなければならないのは、脳の萎縮が起こってしまったからといって、自身の頭はどうかしてしまったのではないかと思い込まない、ステレオタイプに流されないようにすることでしょうか。神経質に過剰反応すれば、それこそ、質の異なる脳の病気を患うことになります。

ここで、再び、第2節に掲げたアルコール依存者の脳の画像を思い出してみましょう。いずれのMRI画像も、見方を変えれば、普通に酒を飲んでいるうちに脳の劣化がはじまってしまったという現実がそこにあります。急にそこまで脳の萎縮が進むのではなく、徐々に空洞化して行ったわけです。確かに、それらの画像は、アルコール依存・中毒と言われる人(患者)のものでありますが、少なくとも、その段階に入る少し前までは、普通の人だったのです。

それゆえ酒を嗜む一般の人が、ほとんど脳の萎縮が見られないというのは、適量を心掛けているほんの一部の人(実際にいるのかは疑わしいものですが)であり、晩酌をする人、仕事帰りなど気の合う仲間とネオン街に繰り出す習慣のある人であれば、その大半で脳の萎縮（＊）が、進んでいるとみて間違いないでしょう。だからこそ、この状況をネガティブにではなく、ポジティブに受け止めたいのですね。

考えてみれば、ストレスを抱え、非生産的・非効率的に働くよりは、ストレスを解消し、生産的・効率的に働くほうがよい。それゆえ、機能面でダメージを被らない限り、ストレス発散を念頭に置けば、またはそれを消化してくれるものと思えば、少々の脳の劣化は、許容範囲であるという考え方もできないわけではありません。

言い換えれば、我々が、あまりに神経質にならないためにも、どこまでの萎縮が問題ではなく、どこからの萎縮が問題となるのか、というアバウトな心掛けも一方では必要になってくるでありましょう。とくに脳の萎縮・劣化が取りざたされる上で最も重要な点は、思考にとって、あるいは身体にとっての機能に関するダメージのあるなし、つまり、その具合にあろうかと思われます。

（＊）本人が気づかないうちに萎縮はサイレントに進行する。しかし、この時点では、能力・頭の回転・パフォーマンスが劣ったという自覚はない（逆に言えば、その自覚があればやめますからね）。それゆえ自分は、少々の酒を飲んでも大丈夫という自負があるのです。これは、シンナー乱用についても同じことが言えるでしょう。結果として、上の自覚が伴うか否かは別にしても、両者共に手足のしびれ、震え、視力障害など外部的に症状が現れて、はじめて自らの体に異変が起きていることに気づくというのが実態ではなかろうかと。ただ、摂取後の状態（溶剤の効果）には差異が見られます。それは、シンナーが速攻で酔うのに対し、酒はボディーブローのようにジワジワ時間をかけて効いて行く点です。

（3）脳の神秘について

・脳科学者が明かす、脳についてのウソと本当…男性脳と女性脳はあるのか？

「平均で男性の脳は1274立方センチメートル、女性の脳は1131立方センチメートルだ。男性の脳は女性の脳より1割程度大きい。それは、男性の体が女性より大きいからだ。この場合、大きいほうが賢いわけではなく、男女の知的能力に差はない」（日経ビジネス 2022．1．12 クリステン・ウィルミア脳神経科学者［Ph.D.］より［19］）

それに対して脳の重さでは、男性は1350～1500グラムであり、女性は1200～1250グラムと言われています。もちろん、資料により多少の誤差は生じるでしょうから、あくまで参考程度に考えていただければ、とは思います。

立方センチメートルとグラムとでは、基準となる単位が異なりますから、一概に比例するかしないかの断定は避けなければなりませんが、脳の重さ（グラム）または大きさ・嵩（立方センチメートル）と脳の容量（capacity）とは、必ずしもイコールの関係ではないことがそこからもわかります。

男女の脳の比較にとどまらず、この点は、脳の萎縮との関係で見ても同じことが言えるでしょう。つまり、脳は、萎縮によって働きが劣るというよりも、常時活発に働くよう仕向けて行けば、それ自体で完結し、普通の状態かそれ以上の状態を保つと十分に考えられるのです。逆に、脳が萎縮するか否かに関わらず、脳を働かさずに放置していれば、脳は、劣化の一途をたどるとも言えます。

人間の思考、即ち頭脳は、正常に機能する脳の容量で、決定づけられるということでしょう。これがベースとなってはじめて脳は仕事をする。以下の例からも説明できるとおりです。

有名な話としてアインシュタインの脳は、一般の男性の脳より軽く１２３０グラムしかなかったと言われています。それにもかかわらず、なぜ、相対性理論という大偉業をなし得たのでしょうか。つまり、彼の脳は、脳細胞が密接に絡み合い脳の巨大ネットワークを作っていて容量としては桁違いの大きさを誇っていたからに他ならないでしょう。

ＩＱが、通常の人間より3～4倍はあるということで、宇宙人説まで出ている始末。「容量」は大きさ（この場合の大きさは、単に脳の嵩ではなく脳細胞の密度。考え方としては、ＰＣの容量に同じ。ただ、ＰＣと異なるのは容量の柔軟さ）ですから、そう結論づけられるわけです。

まさに、天才を超越した天才は、悪い観念にとらわれず、縛られず、自身の脳を育てることに成功した…物理（理論・原理）への深い探究心を通し、脳自体が変幻自在に生きもののように活動する。活動させればさせるほど、脳は成長し大きくなる。そして、その成長は、果てしなく続いたと言えるのかもしれません。

他方、我々凡夫が招ける災いとして、唯物的思考（客観）から離れた観念的な思考（主観と客観が入り混じる）には、注意が必要であります。それは、思考が「真」に沿い、的を射たものでないと、脳は混乱し、細胞同士が潰し合う関係（＊）に突入してしまうからです。それゆえ通常、頭が混乱すれば、思考停止に陥るか、最悪、病と闘わなければならなくなるとも言えるでしょう。「情」が深すぎると「理」に疎くなる？…親子関係が密であったり、他人との関りが馴れ合いに陥るのは、なぜなのか。哲学が苦手な日本人気質との関係性はどうなっているのかなど、実に脳のメカニズムは不思議なことばかりです。

（＊）我々は、人との関りの中で、何かの拍子に怒りの感情を抱くことがあります。このとき脳には、かなりのストレスが加えられている。それが一晩寝ても収まりがつかない、明けても暮れても、それに取り憑かれると言った場合、心理的な視野狭窄に陥っている公算が高いでしょう。この心理状態に入ったとき、コルチゾールというストレスホルモンが発生し、脳は萎縮・壊死に向かうと言われています。この萎縮・壊死は、内部的要因によるものなので、人として気づきがあるまで（利己心の克服、エゴを離れるまで）続く可能性大。気を付けたいものです。

（4）シンナー乱用対策・啓発への工夫…人を生かす心の大切さ

率直に申しますと、今のシンナー乱用対策・啓発は、閉鎖的なイメージが拭いきれず、一方的なやり方に終始しているのではないかと捉えています。

本当に必要なことは、シンナー乱用は悪い行為だから「ダメ」（普遍に立たなければ排他的行為に通ずることもある）と言い聞かせるだけでなく、他方では、若者が不幸にして乱用という修羅の道に引きずり込まれたとき、皆で助け合えるような環境づくり、「共助」（仕組まれたものではなく仲間同士で主体的に助け合う。どのようなケース・環境でも同じ）が求められるところです。ここに、かかる対策・啓発の重きが置かれていれば、先の女性の事例のように、そもそも10代から10年間も継続使用して手足が麻痺してしまう多発神経炎を惹き起こすような事態は避けられたことでしょう。

全共闘世代の流れの中にあった若者（進学校を含め荒れていた時代）は、仲間同士で声をかけ合って深間（規制）にはまらぬよう行動した者も多かったようです。中には進路や家庭環境などで悩み、それ以降も続けてしまった居残り組もあったと記憶していますが、それでも彼らは、普通に企業・公的機関などの組織で主要なポストに就いて行くのです。「使用したから君はダメ」、「人間失格」…で終わらせない環境づくりが、今の時代だからこそ求められるのかもしれません。規制によって乱用者は減りはしたものの他方で多くの者の犠牲（人権侵害）の上にそれが成り立っているとすればなおさらです。

昔なら使用から抜け出すためには「規制の伝播」（「近々、規制されるらしいよ」と伝える）が必要でしたが、今なら人体への影響度…悪いほうに誇大とならない「事実の伝播」が、その一方には必要となりましょう。そこのところは、国として今後、是非とも改めていかなければならない課題のように思われます。人々が平等で、よりよい社会を構築して行くために…。

（5）愛する国「日本」、どこへ行く

抑圧や恐怖の連鎖は、人を不安に陥れる。これでは人は救えないし、根本的な解決にはなりません。そればかりか、この国が抱える社会病理をより深刻なものにさせ、社会を閉塞に向かわせます。それは、自殺者・精神疾患に苦しむ人々の数に見てとれるでしょう。

＊２０２１年の自殺者数は、２万１００７人（警察庁発表）、２０２０年の「精神疾患を有する総患者数は約４１９．３万人…疾病別にみると統合失調症が最多」（厚生労働省統計）。

◎参考記事（子どもの自殺は、なぜ起こる）

・15歳から39歳までの日本人の死因の第1位は「自殺」　養老孟司と池田清彦が日本のいまを喝破する（デイリー新潮編集部・２０２２年8月30日配信）［20］

「養老　このところ、『新型コロナウイルスで何人亡くなった』という報道が毎日盛んにされているけど、それを言うなら、15歳から39歳までの日本人の死因の第1位は自殺だよ。本当に人命尊重を目指すなら、そっちを考えたほうがいい。

子どもの自殺でいえば、２０２０年度には、小・中・高校生の自殺者が４９９人で過去最多になった。理由はいろいろあると思うけど、子どもの場合、突き詰めれば、ハッピーじゃないからなんだ。子どもを幸せにしてやることほど簡単なことはないのに、それができない社会になっている。

〈それに対して、養老さんの長年の友人でもある池田さんは、自身の経験を振り返りながらこう切り返す。〉

池田　僕は高校生のころ、受けたくない授業があると、勝手にサボったり、早退したりしていた。それで高校が崩壊することもなかったんだから、行きたくなければ行かなくてもいいんだ。でも、今の子どもたちは、普段から規則や秩序を守るために自分の判断を抑えられてばかりいる。かわいそうだよ。『生きていても仕方ない』という子も結構いるというけど、中学生が死ぬことを考えるなんておかしいでしょう。」

第二　シンナー規制と人権

❶ 規制に法的根拠がある、それともないのかという視点

（1）シンナー規制の法的根拠はどこに

シンナー乱用を規制する法として「毒物及び劇物取締法」の72年一部改正（当該「一部」を省略する箇所を伴う）があり、これに基づいて検挙等の権力行使が可能となるのですが、こと人体に視点を置きますと、権力を行使する以前の問題として前章で取り上げた内容が、正しく認識されての72年改正であったのかは、いささか疑問の残るところです。

国には後先を考えず、国民に対し、決してしてはならない行動をとった過去がありますから、余計にそう思われてならないのです。以下。

たとえば、「覚醒剤取締法」（51年施行）では、人権に基づいた個人保護の観点が完全に抜け落ちていたように感じます。当初、国は覚醒剤の軍事使用を奨励し、法施行前まではヒロポンなど複数の商品が市販（41年～51年）されていたにもかかわらず、いきなり規制に乗り出し逮捕者が続出した。当時、それを使用した者の多くが習慣化（常習化）していることからしますと逮捕で

はなく、まず行うべきは人道的保護（個人保護）だったでしょう。「世界人権宣言」（国連採択）が48年ですから、施行はその3年後のことです。

権力を行使するからには、当然、法に基づいていなければなりませんが、仮にその前提として合理的根拠を欠いているとすれば、どうなのでしょうか。これが伴っていなければ、見かけは法に基づき適法に行われてはいるものの、検挙・逮捕が倫理的に適合しているとは思えないのですね。

シンナーの場合は、当然のことながら規制後も一般に市販され、習慣化（常習化）においてもそれとは事情が異なってまいりますけれども、人道上のプロセスについては、2つは同じ土壌にあることは間違いありますまい。72年改正に従っての権力行使そのものが、合理的な手段を備えていたのかということを含めて、この問題は慎重に考えて行く必要があるのかもしれません。

(2) 民主国家としての方向性は

酒とシンナーは、脳萎縮が進むにつれ機能障害を惹き起こす点で、一致しています。にもかかわらず、制度上では2つは乖離している。それは、前にも述べましたように摂取直後の酔いの度合いに違いがあるからに他ならないでしょう。速攻のシンナーに対し、酒は時間をかけてジワジワ効いて行く。

だからこそ、シンナーには、身体的依存・耐性がないとはいえ、(本人のみならず)周辺にも配慮は必要であり、酒よりも早い段階で保護対策(＊1)が必要との見方ができるのです。むろん、酒も長期に亘れば、別の意味で保護対策が欠かせません。この点を見落としてはなりますまい。

(＊1)乱用者に対する相談や学習、場合によっては一時的な退避施設を通じての保護など

繰り返しますとシンナーの場合、保護よりも取締りに重点を置くため、酒とは様相が異なってまいります。つまり、そこに権力が介入することで、ダイレクトに人権が脅かされるのです。ひとえに、これは、社会秩序を構築するプロセスが明確な指針ないし、拠り所を持たないことの証左であり、また「個人の尊厳」を憲法(＊2)で謳いながら、本来なすべき対策・啓発が正しく行われない、機能していないようにも感じられる点であります。民主国家としては、いかがなものでしょうか。

（＊2）憲法第十三条　すべて国民は、個人として尊重される。生命、自由及び幸福追求に対する国民の権利については、公共の福祉に反しない限り、立法その他の国政の上で、最大の尊重を必要とする

ここにある「公共の福祉」は、国民の側に存するものであり、個々人をして社会（他者）の利益を考え、または追求することに置かれ、一方に排他的態度をとる者がいたとしても、他方が、同じく排他的態度で返すのではなく、まずは、共に助け合おうとする能動的な精神に「公共の福祉」は宿るのではないかと解しています。裏を返せば、他者を助けることなくして、個人の尊重（尊厳）はない。間違っても国家が国民を牛耳る（人権に配慮せず権力で国民を統率する）ために、この条文があるのではないと解しています。あとは、本文を通して、その深意を考えてまいりましょう。

❷ 生徒一人ひとりの思いを配慮してこそ全体の調和が実現する

日本の伝統・文化に強く影響を受けた精神世界、即ち慣例があり、これが連綿と受け継がれながら日本の土台を形づくる「社会秩序」について、改めて考えさせられる記事に出くわしましたので、以下、ご紹介しておきます。

・丸刈り〝部活の暗黙ルール〟校則見直し進むも…学校内に逆らえない「同調圧力」（ヤフー・ニュース、熊本日日新聞〔2022．6．16〕）〔21〕

記事に対する当方のコメント）
地裁判決では、原告側の男性（若者）が敗訴でした。その理由は…

記事）「男性が上級生に丸刈りを依頼していることから、強制的にされたということはできない」

と裁判所は判断した。

コメ） これも、事のベースには、好んで依頼したわけではなく、同調圧力がそうさせたのではないかとみています。

記事） 応援団による校歌指導については…「団結力や愛校心を高めるため、緊張感を持って合同で練習する場を設けるのは有益」と指摘。

記事）慣例について県教委は「伝統は悪いものではなく、良さでもある。生徒の進路選択の一つの基準にもなっている。絶対変えなければならない、というものではない」と受け止める。

コメ） これら2つは、伝統というより、明らかに「個人の尊厳」（憲法）を蔑ろにした弊習ですね。

確かに集団生活の中では協調性は大事ですが、それを目に見えぬ力によって誘導するような伝統（同調圧力）には賛成できませんね。全体主義が同居するようなしきたりは、これを機に改められるよう願いたいものです。

集団主義対個人主義の構図でいえば、民主主義というものは、個人主義の立場をとっているのは明らか。人権もまた、個人主義を土台にしてなる。日本を変えて行くには、集団主義から止めどなく湧き出す弊習を改めて行く必要がありましょう。
敗訴の後、すぐに原告（側）は控訴した。
（この記事の全文は、新聞社ＨＰにてご覧ください。）

❸「毒物及び劇物取締法」72年一部改正とその問題点

（1）「毒物及び劇物取締法」の上位法と下位法との関係

毒物及び劇物取締法（昭和二十五年法律第三百三号）
＊以下の条文は、シンナー乱用に的を絞って記すこととする。
（目的）（作業・取扱い等「毒劇法」全般にいう。シンナー乱用は72年一部改正によって新たに加わる）

第一条　この法律は、毒物及び劇物について、保健衛生上の見地から必要な取締を行うことを目的とする。

（禁止規定）

第三条の三　興奮、幻覚又は麻酔の作用を有する毒物又は劇物（これらを含有する物を含む。）であつて政令で定めるものは、みだりに摂取し、若しくは吸入し、又はこれらの目的で所持してはならない。

第三条の四　引火性、発火性又は爆発性のある毒物又は劇物であつて政令で定めるものは、業務その他正当な理由による場合を除いては、所持してはならない。

第二二条第五項（「業務上取扱者の届出等」省略する）

（罰則）（罰則は現行であり、72年施行時とは異なる）

第二十四条の三　第三条の三の規定に違反した者は、一年以下の懲役若しくは五十万円以下の罰金に処し、又はこれを併科する。

第二十四条の四　第三条の四の規定に違反した者は、六月以下の懲役若しくは五十万円以下の罰金に処し、又はこれを併科する。

毒物及び劇物取締法施行令（昭和三十年政令第二百六十一号）
（興奮、幻覚又は麻酔の作用を有する物）
第三十二条の二　法第三条の三に規定する政令で定める物は、トルエン並びに酢酸エチル、トルエン又はメタノールを含有するシンナー（塗料の粘度を減少させるために使用される有機溶剤をいう。）、接着剤、塗料及び閉そく用又はシーリング用の充てん料とする。

○上の一部くだりに筆者による補足。以下。
＊…条文は、シンナー乱用に的を絞って記すこととする。
（目的）（作業・取扱い等「毒劇法」全般にいう。シンナー乱用は72年一部改正によって新たに加わる）

（禁止規定）第二二条第五項（「業務上取扱者の届出等」省略する）

（罰則）（罰則は現行であり、72年施行時とは異なる）

以上は、シンナー乱用に直接関係する「毒物及び劇物取締法」（法律）と同法「施行令」（政令）からなる72年一部改正条項で、他は、同法「施行規則」（省令）として作成・制定された内容です。

(2) 法令制定の権限等について

法令の名称…法令を制定する組織、または長の権限の違いにより法令の名称は異なってきます。以下。

①「法律」(国会の議決を経て制定)、②「政令」(合議体としての内閣の命令による)、③「府令・省令」(各大臣の命令による)施行規制、④「規則」(府・省の外局の長が、法律に則って規定する)と続く。他、⑤「勅令」(天皇の命令による。現行憲法の施行[47年]後は公布されていない。)

これら(⑤を含め国(①~④)が定めるもの)を法令と言いますが、そのうち④「規則」となりますと、同じ法令である法律・政令・省令に比べ国民が遵守すべき効果は同じでも、より狭い範囲の権限で①~③を補足・追加する形となります。

ただ、権限としては当然、上から下に流れ、法令成立に働く力(要望・要請)に関しては、上から下に向かう場合もあれば、下から上に向かう場合もあるでしょう。つまり、国民からの請願・陳情がきっかけとなることもあり、省庁が主体的に動くこともあるということです。

「憲法」以外の法令、とくに新たに補足・追加される法令というのは、その国の文化・伝統に大なり小なり影響を受けるといっても過言ではありません。それゆえ、国民の気質・感情・生活環境等に左右されるところが、少なからず、あると考えたほうがよいでしょう。

ちなみに、地方公共団体の場合は、①「条例」、②「規則」となり、また、「憲法」も法令のうちですが、「憲法」は、「法律」の上位に属し、法律および下位の法令等を含め、憲法を遵守する必要があることは、言うまでもありません。

(3)72年一部改正「規則」(通達)とその補足

昭和四七年七月二一日(1972．7．21)。発薬第六九四号。(各都道府県知事あて厚生省薬務局長通達)[22]

毒物及び劇物取締法等の一部を改正する法律等の施行について

第一　毒物及び劇物指定令及び毒物及び劇物取締法施行規則の一部改正について

（毒物及び劇物の品目内容等。省略する。）

第二　毒物及び劇物取締法　同法施行令及び同法施行規則の一部改正について

一　興奮、幻覚または麻酔の作用を有する物に関する規則

（一）改正の趣旨

イ　最近、シンナー等有機溶剤製品の乱用が全国的に青少年の間にまんえんし、国民の保健衛生上ゆゆしい問題が生じている現状にかんがみ、法第三条の三の規定が加えられて、興奮、幻覚または麻酔の作用を有する毒物または劇物（これらを含有する物を含む。）であつて政令で定めるものを、みだりに摂取しまたは吸入する行為およびみだりに摂取しまたは吸入する目的でこれらの物を所持する行為が禁止され、これに違反した者には三万円以下の罰金が科せられることとなつた（法第二四条の四）（以下、販売・授与に関わった者の罰則。省略する。）

＊上の引用文中に「法第二四条の四」との記載があり、そのまま掲載した。現行の条文に照らせば、第二十四条の三？

ロ（シンナー主成分の範囲。省略する。）

（二）　運用上留意すべき事項

イ　法第三条の三にいう「みだりに摂取し、吸入」するとは、その目的、態様等から判断して社会通念上正当とは認められない場合をいうものであり、シンナー等を用いる工場、事業所等で労働者が作業中にその蒸気を含んだ空気を吸収する場合、学術研究上必要な実験のために摂取・吸入する場合等は含まれない。（以下、吸入方法と所持。省略する。）

ロ（販売業者等の処罰。省略する。）

ハ　施行令第三二条の二で指定された酢酸エチル、トルエンまたはメタノールを含有するシンナーおよび接着剤とは、酢酸エチル、トルエン、メタノールのいずれか一つを含有していればよく、また、これら劇物の含量について限度は設けられていない。この指定にあたっては、有機溶剤の乱用防止という見地から、いわゆるシンナー遊びに実際に使用されているものに限定されたものであり、酢酸エチル、トルエン、メタノールの原体は指定されていない。なお、シンナー・接着剤は、それ自体毒物、劇物ではないので、シンナー・接着剤の製造業者、販売業者等は、法第二二条第五項の業務上取扱者になることがある場合は、格別、毒物劇物営業者として登録等の規制をうけることはないものである。

以上

＊引用文の途中で「＊」を付し注釈を付けた箇所があり、またカッコ内に「…省略する」とあるのは、筆者による記載

＊「酢酸エチル、トルエン、メタノール」の説明

(A)「酢酸エチル」は、酢酸とエチルアルコール（エタノール）からなる。エチルアルコールは、酒の成分でもあり、消毒用としても使われる。高濃度では麻酔作用があり、呼吸器系に害を伴うことがある。低濃度では、あまり人体には影響しない。あっても頭痛・めまい程度。

(B)「メタノール（メチルアルコール）」は、アルコールの一種。エチルアルコールとの違いは、経口摂取（飲むなどして人体に入った場合）で、視力障害や失明、運が悪ければ死に至るケースがあるという点。機械類の洗浄用、身近では、燃料用アルコールとしても使われている。

(注) メチルアルコール、酢酸エチルは、共にアルコールでありますが、直接飲まない限り、飲

めば上記のとおりで、揮発する蒸気を吸入する程度では、離脱［禁断］症状は起こり難いといえるでしょう。シンナーにメチルアルコールが入っていれば、その前に、目に影響が出てくるのは必至です。

（C）「トルエン」については、前章3「アルコール・シンナーの共通点と相違点」…「広島大学医学雑誌［S60．4］」は興味深い。

（4）「規則」内容にある言葉の持つ意味とその方向性

前項（3）72年一部改正「規則」（通達）にある、以下のかかる大義（排他的内容）が、権力行使並びにシンナー等撲滅運動の指針・根拠となったことは事実としてありますが、しかし、それは他方で法の成立要件として有効な内容となっていたのかという問題を残します。

改正法成立の支柱としているその内容を見てみますと、たとえば、改正「規則」（通達）…（一）（イ）「国民の保健衛生上ゆゆしい問題」、（二）（イ）「社会通念上正当とは認められない」という表現が出てきます。これらは、逆に言えば、不幸にしてそこに陥った使用者のみならず、そこから離脱した回復者までをも、生涯にわたり一般（通常の社会生活）から排除してしまいかねない、非常に誤解を招きやすい文言であることが窺えます。

また、(二)（ハ）の「この指定にあたっては、有機溶剤の乱用防止という見地から、いわゆるシンナー遊びに実際に使用されているものに限定されたものであり、酢酸エチル、トルエン、メタノールの原体は指定されていない。なお、シンナー・接着剤は、それ自体毒物、劇物ではないので、…」は、シンナーが国連の規制物質（違法薬物）として明記されていないからその2つを切り離し法に効力を与えるために、そのように説明せざるを得なかったのかという点も気になるところです。

上記のような説明をしなければならないということは、有機溶剤ならではのことであり、他薬物では考えられないことです。

加えて、上記、72年改正（法第三条の三、施行令第三十二条の二、規則［通達］）には、もう一つ、一考を要する箇所が見られる。

「興奮、幻覚または麻酔の作用」のうち、興奮と麻酔の作用は、一般的な解釈では、逆の作用ですから、一方には麻酔の作用があるにもかかわらず、他方で興奮というこの表現（言葉）は、必ずしもシンナー吸引時の状態に当てはまらないのではないかと考えます。

対し、薬物使用では、〝ハイ〟になる。即ち「興奮」という言葉をよく耳にします。シンナー遊びが規制されたこの時代には、同時に市販薬乱用も相当、流行っていたことからしますと、その言葉は、この点からも果たして適切であったのかと考えざるを得ません。

しかし、傍に第三者がいれば、あるいは複数人でいれば、酒飲みと一緒で、一時的な感情（喜び・怒り）で生じる興奮は十分にあり得ることです。逆に言えば、そうでない限り、かかる状態は起こり難いということでもあります。「興奮と麻酔作用」、即ち「ハイテンションと黙々と行為に耽る」とは、どうも結び付かないのです。一人を想定すれば、わかりやすいでしょう。

それゆえ、その原因が、シンナー成分にもともと備わる興奮作用ではない以上、そこに興奮という言葉が加わることによって、語弊が生じ、全体のニュアンス、受ける印象が大きく異なってくる。

ただ、シンナー乱用（主成分…施行令第三十二条の二、規則［通達］）以外の他の毒物・劇物を含めた規定であるならば、問題はないといえるでしょう。しかし、当該一部改正の目的を考えてみたとき、シンナー乱用対策・取締りに限定されると思われるだけに、法令を解釈する際、その言葉は、やはり、余計な誤解を招く恐れがあると言わなくてはなりますまい。

＊前章３「アルコール・シンナーの共通点と相違点」に記載、以下参照。

「…アルコール依存（慢性中毒）になりますと、そこから離脱する際に見られる振戦せん妄（禁断症状として幻視〔不快〕・興奮など）の症状が起こります。

逆にシンナーでは、アルコールの特徴である身体的依存、耐性が形成され難いということで言えば、先に示したとおり、アルコールで生じた振戦せん妄も生じ難いことになります。」

(5)法(規則・通達)の矛盾

有機溶剤、とくにシンナー（またはシンナー成分）が薬物かと言われれば、それはノーでありましょう。即ち、国連条約にある「麻薬に関する単一条約」〔23〕、「向精神薬に関する条約」〔23〕〔24〕の中には見られない。

あくまでシンナー成分は、毒劇物であり、中でも毒物の10分の1程度といわれる毒物よりも人体に影響が少ない劇物となります。だからと言って害がないわけではありません。

シンナーを薬物と捉え、この解釈をベースにシンナーを説明しているサイトを多々見かけますが、それは国連条約に基づくものではなく、我が国の取締りにおいて便宜上、使われている言葉である（または使われている言葉にすぎない）と補足しておきます。たとえば、シンナーとアヘンを抑制薬物として横並びに記載しているサイトなどがあります。

以下、国連条約、「（2）『向精神薬（＊）に関する条約』」中にある「幻覚剤」は、ＬＳＤやＭＤＭＡといった薬物（「向精神薬に関する条約」wikipedia［24］）を指しているのであり、それらが薬である以上、有機溶剤であるシンナー（身体的依存・耐性なし）がそこに分類されることはありません。

（＊）向精神薬とは、…興奮剤、抑制剤、抗うつ薬、抗不安薬、抗精神病薬、幻覚剤のような異なるグループに分けられる。これらの向精神薬は、精神障害を含む幅広い医学的症状の治療に有用であることが世界中で証明されている。（「薬物」wikipedia［25］）

当然、人権に関しては、シンナーと薬物の隔てはありません。

国連の麻薬に関する3つの条約を記します。日本は下記（2）の「向精神薬に関する条約」に90年に加盟している。これ以前に関しては、我が国の場合、国際条約上の拠り所がない。これ以降に関しては、類推解釈するしかない。後者のみならず前者にも言えることとして、我が国では、罪刑法定主義の原則に従い類推解釈は禁止されている。

（1）「1961年の麻薬に関する単一条約」[24]（麻薬、あへん、大麻。そのうち規制物質の一つに挙げられていた大麻は、2020年単一条約の付表4から除外、1ランク降格）、（2）「向精神薬に関する条約」（覚せい剤、幻覚剤、睡眠薬、精神安定剤、鎮痛剤等の薬物乱用防止について1971年採択。日本は1990年加盟）、（3）「麻薬及び向精神薬の不正取引の防止に関する国際連合条約」、以上が、国連条約で規定されている。（「wikipedia」・「日本学校保健会」参照）

重複しますが、国連条約にはシンナー乱用に関して、他薬物のような明文はないようです。厳密に言いますと、アルコールがそうであるようにシンナーも上記、向精神薬の分類には属さないということです。だから、72年改正「規則」（通達）に苦しい言い回しが見られるのでしょう。繰り返しとなりますが、以下。

「…シンナーおよび接着剤とは、酢酸エチル、トルエン、メタノールのいずれか一つを含有していればよく、また、これら劇物の含量について限度は設けられていない。この指定にあたっては、有機溶剤の乱用防止という見地から、いわゆるシンナー遊びに実際に使用されているものに限定されたものであり、酢酸エチル、トルエン、メタノールの原体は指定されていない。なお、シンナー・接着剤は、それ自体毒物、劇物ではないので、シンナー・接着剤の製造業者、販売業者等は、法第二二条第五項の業務上取扱者になることがある場合は、格別、毒物劇物営業者として登録等の規制をうけることはないものである。」

土台に曖昧な点があれば、人道上あってはならない何がしかの影響を人に与え、悪しき事象を人に及ぼしてしまうことは、自明の理としてあります。その不条理を少しでも、減らすために、以下、判例を引き合いに、かかる矛盾について今一度、考えてみることにいたしましょう。

たとえば、前掲の「シンナー・接着剤は、それ自体毒物、劇物ではない…」に対し、判例では「…作用を有する劇物であって」、または「…作用を有する毒物又は劇物」と言った文言があります。もちろん、規定のそれは「この指定にあたっては、有機溶剤の乱用防止という見地から、いわゆるシンナー遊びに実際に使用されているものに限定されたものであり、…」を受けての言い回しでありましょうから、その意図は、理解できないわけではありません。

しかしながら、「有機溶剤の乱用防止という見地…」（前掲）をベースに規制するのであれば、シンナー成分も薬物と同じように身体的依存・耐性があって当然というのが一般的な見方であるはずです。

もう一つは、同じく「規則」（通達）に掲げられた「興奮、幻覚または麻酔の作用」という文言です。判決内容に目を移せば、「興奮」という文字が2か所ほど見受けられます。乱用における「興奮」については、本章の第3節（4）を参照。

○シンナー乱用事件に関する最高裁判例（平成7年）［26］…以下、原文

主　　文

原略式命令を破棄する。

被告人を罰金三万円に処する。

右罰金を完納することができないときは、金五〇〇〇円を一日に換算した期間、被告

人を労役場に留置する。

理　由

本件記録によると、神戸簡易裁判所は、平成五年一一月三〇日、被告人に対する毒物及び劇物取締法違反被告事件（同庁平成五年（い）第二〇〇一号）について、「被告人は、みだりに、平成五年四月二五日午前九時ころ、〇市a区bc丁目d番e号先路上に駐車中の普通乗用自動車内において、興奮・幻覚又は麻酔の作用を有する劇物であって、政令で定めるトルエンを含有するシンナー約三、四四三ミリリットルを吸入する目的で所持したものである。」との事実を認定し、毒物及び劇物取締法二四条の三、三条の三、同法施行令三二条の二、刑法一八条、刑訴法三四八条を適用して、「被告人を罰金五万円に処する。右罰金を完納することができないときは、金五、〇〇〇円を一日に換算した期間、被告人を労役場に留置する。ただし、端数を生じたときは、これを一日とする。右罰金に相当する金額を仮に納付することを命ずる。」旨の略式命令を発付し、この略式命令は平成五年一二月二一日確定したことが認められる。

しかしながら、毒物及び劇物取締法二四条の三、三条の三によれば、興奮、幻覚又は麻酔の作用を有する毒物又は劇物の吸入目的所持の罪にかかる罰金の法定刑は三万円以下であるから、これを超過して被告人を罰金五万円に処した右略式命令は、法令に違反していることが明らかである上、被告人のために不利益であるといわなければならない。

よって、刑訴法四五八条一号により、原略式命令を破棄し、被告事件について更に判決することとする。

原略式命令の確定した毒物及び劇物取締法違反の事実に法令を適用すると、被告人の所為は、毒物及び劇物取締法二四条の三、三条の三、同法施行令三二条の二に該当するので、所定刑中罰金刑を選択し、その所定金額の範囲内で被告人を罰金三万円に処し、右罰金を完納することができないときは刑法一八条により、金五〇〇〇円を一日に換算した期間、被告人を労役場に留置することとし、裁判官全員一致の意見で、主文のとおり判決する。

平成七年三月二日

最高裁判所第一小法廷

本来、毒物及び劇物取締法違反被告事件（シンナー乱用事件）に関しては、最高裁まで争うほどのことではないように思われますが、争ったということは、被告人として、おそらく罪の軽重、即ち、その犯罪以上に、何がしかの期待を判決に求めていたのではないかとも推測できます。それは、憲法解釈、これに相違ないでしょう。

❹プライバシーの侵害、国際法という観点

72年一部改正を土台に82年一部改正で、さらに罰則の強化に踏み切ったことについては、非常に奇異に感じられてならないのは、筆者ばかりでしょうか。

実際のところ、罰則を強化した点から考え、国としては、蔓延する青少年のシンナー乱用に歯止めをかけたかったのは理解できるにしても、明らかにその目的が処罰ありきの乱用撲滅に終始する点で、人道上、配慮に欠けていたのではないかと。言い換えますと、国が、取締り一辺倒の対策に傾斜することで、彼ら若者の将来に禍根を残すようなことになるのであれば、当然のことながら、このことも含め対策としなければ、不十分な改正規則といえるのではないかということです。

(1)国際法の視点から考えるシンナー対策

72年から続く一部改正を個人の側に立って、善意に受け止めれば、外面的には取締りの形をとるもののその内実は、乱用に走った個人を救済（＊1）するために設けられた法という捉え方もできないわけではありません。ところが、視点を乱用撲滅運動のキャッチフレーズ（＊2）に移せば、善意にはとても考え辛い面に遭遇するのです。ということは、個人を救済するためにそれがあるのではないことがわかります。

（＊1）この場合、本来は、罪を償って更生（救済）するやり方ではなく、個人保護によって救済することが必要と思われます。72年から82年の間は、処罰規定が唯一、罰金ゆえにこれがその救済であるとするには疑問が残ります。また82年罰則の改正で、仮に懲役に付されても執行猶予付きであれば、個人保護はないのと同じです。加えてそれらには、ラベリングの問題もありましょう。

（＊2）「薬物やめますか、人間やめますか」・「体はボロボロになり、廃人になります」といった類の標語は、とくに80年代頃に巻き起こったシンナー、覚醒剤等の啓発運動に見られたようです。

対し、集団の側に立って受け止めれば、どうでしょうか。もともとシンナー乱用は、一般的な犯罪として取締るための法であり、また国際法に触れないという前提から言えば、かかる規制は、当然、是として捉えることも可能という解釈ができます。たぶん、これが、国・行政の立場ではありますまいか。それゆえプロファイリングを含め、法が正義に適うものである限り、データベースを使っての公務上の頒布もプライバシーの侵害には当たらないとする一つの妥当性を導くことができるわけです。

しかし、実際のところ、国際法に触れないということの解釈は正しいのでしょうか。シンナーの成分上、酒との対比から考えても、また、シンナー自体が、国連条約にある麻薬・向精神薬に該当・指定されていませんので、我が国の〝シンナー規定〟(「毒劇法」72年一部改正)は、何かおかしいと言わざるを得ないでしょう。

(2) 欧米に足並みをそろえることの重要性

個人保護の欠落した状態で、集団の論理を優先し取締りの対象とすることが、いかに「個人の尊厳」から見て、あるいは「公共の福祉」に照らし、人権とは相容れない方向性を持つことであるか説明してきました。

欧米各国のケースでシンナー吸引、俗にシンナー遊びが、規制されているのかどうか、規制されているとすれば、その根拠、つまり、国連条約でシンナーはどのような位置づけがなされているかをまずは鑑みた上で、シンナー乱用を論じることが重要です。言い換えれば、シンナーは、欧米各国のシンナー対策のあり方、即ち、その扱われ方に足並みをそろえて行くことが肝要であろうかと思います。

我が国の場合、日本の精神文化を優先しての社会通念、これを受ける形での社会秩序、そして、繰り返しになりますが、これをベースにシンナー乱用は社会に悪影響を与えることだからと、専ら取締りに力を入れているようでありますが、第一に考えなえればならないのは、また優先させなければならないのは、人権、つまり個人保護という観点であるように思われてならないのです。

❺ 欧米諸国と日本の乱用に対する捉え方の違い

（1）シンナー等生涯経験率の割合

日本の場合、シンナー乱用（我が国では規制化されていますので「乱用」とします）については、薬物と同列に扱われるのが常ですが、欧米では、シンナー吸引に対して、どのような扱いがなされているのか、興味深いところです。

以下のグラフ（＊1）は、欧米と日本、両者の高校1年生を対象にしたシンナー等生涯経験率の割合です。欧米の場合、それを見る限りシンナー等使用率は、桁違いにすさまじいことがわかります。ところが、シンナー等、とくにシンナーの検挙者の総数（統計）は、不思議にも検索に上ってこないのです。しかし、他、薬物のその総数（統計）は、データ化され、ネット上で確認できる。これは、一体、何を意味するものか。おそらく想像に難くないでありましょう。

（＊1）「東京都公立高等学校ＰＴＡ連合会」参考［27］。

また、なぜ、シンナー吸引・乱用が、これまでセンセーショナルな出来事として日本に伝わってこなかったのか。薬物の場合とは、その扱いに隔たりがあるようです。

このことに触れ、日本とは法規制前の段階において、明らかに何かが異なるのを感じます。それは、たぶんに、文化的要素に見出せることかもしれません。少なくともその違いは、シンナー吸引・乱用を、ただ単に犯罪として捉えているのではなく、乱用者の個人保護を大切にしている点にあるのでしょう。このように解すれば、合点の行くところです。

将来のある若者のために、貴重な人材を無にしない社会の構築・繁栄のために、賢明な政策の下、個人が大切に扱われているとすれば、まさしくそれは、公助の力と言わなければなりません。即ち、公助に至るま

【画像】文科省グラフ

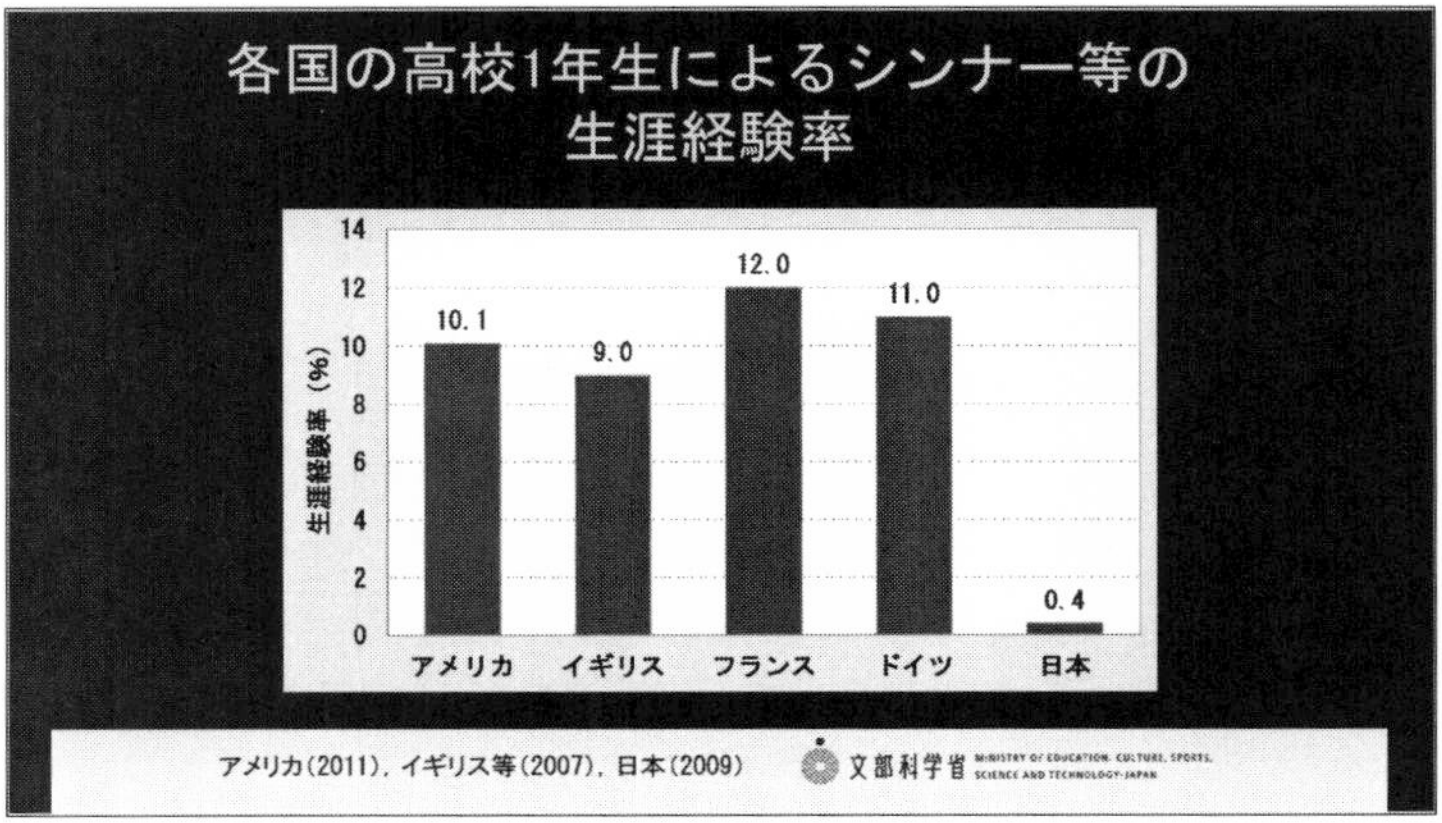

でのプロセスがその分、国民・個人の中に深く浸透しているということです。
欧米と日本の精神文化をそこにあてはめた場合、あることに気づきます。ことによりますと2つを隔てるのは、日本の「過干渉」（＊2）と欧米の「自由放任主義」（＊3）の違いがその根底にあるのではないでしょうか。即ち、個性の違いというわけです。

（＊2）子どもに対してだけでなく大人の場合でも、人との関りにおいては密度の濃い関係を求めやすい。仲間意識が強く、その中では自他の区別が不明確になりやすい。だから、その反動で外に向かっては排他性が過度となり、物事を感情（劣情）に委ねる傾向が出てくる。国家レベルではどうでしょうか。

（＊3）子どもの自主性に委ねる。年齢によらず一般的に個人を配慮する。家族・他人を問わず、自他の区別が比較的明確な状態に置かれる。国家レベルでは、自由・平等の精神に基づいて、物事を理性的に処理する傾向がうかがえる。

もちろん、その違いから日本人的特質を否定するものではなく、日本の慣習・文化に偏りすぎると民主主義が歪められる可能性があるという程度のものです。慣習・文化をストレートに法に転化することに対する警戒心でしょうか、それをストレートに持ち込めば、どうしても個人より集団が優先されてしまいかねない怖さがありましょう。

このことから、シンナー問題に対する我が国の執り行う「善」と「悪」の方程式は、かかるその法を含め不正確で矛盾に満ちた対策・啓発に終始して行ったとも考えられなくはないですね。本文では、上記の他にも、その裏付けとして複数の資料に基づき論証を試みています。その結果、曲がりなりにも、ある一つの道標にたどり着くことができたのではないかと…。

(2)人権重視のシンナー乱用対策とは

その道標とは「国は、秩序維持という名目で統治を第一義とする前に、まずは国民を第一義とした個人保護・人権擁護の観点を重視し、法を見直し・改善すべきなのではないか」というものです。個人的には、そこにこそ、法から生じる国の対策・啓発に対するすべての矛盾を打ち消すだけの打開策があると考えているのです。

しかし、その道標に向かうも向かわないも、ひとえに国の人権対策、また、そのあり方が「真」に沿うているものであるかどうかに、かかってくることは、間違いありますまい。言い換えれば、それは「国民のために国家が存在するのか、国家のために国民が存在するのかが問われていることと同じである」、と言っても過言ではないでしょう。

国の人権重視政策に伴い、本来、導入されていてもおかしくはないはずの、その一つのアイデアをここに記しておきます。

シンナー乱用の場合、法（罰則）に頼る解決策ではなく、現在、行われている予防対策と共に乱用者、離脱・回復者の人権に配慮することが肝要です。具体的に言えば、①乱用者の場合、（a）彼ら自身のための定期的な学習会（学校の内外）を開催するとか、（b）コミュニティーを活用し相談窓口（人として尊重する。即ち平等に扱う。つまり、彼らの存在を害さない向き合い方・接し方が対策には不可欠で、それが効果を発揮する）を設けるとか、（c）場合によっては短期で利用できる〝一時退避施設〟（本人が直面する好ましくない環境、たとえば、親子の確執・人間関係、即ち孤独から脱する手段として必要となる。場所の提供としては、病院等既存の施設を利用し、そこにそのための一区画を設けるのもよい）を整備するとかの基本的な仕組み、人道支援策を構築することが、人権擁護の観点からは理に適った対策になると思われます。②すでに離脱・回復している者の場合は、人権保障にあるのは言うまでもありません。

それとは逆に、対策に当たって罰則に依存するとき、その弊害が顕著になることもある。〝一時退避施設〟としての病院利用、これがそのケースです。

一時退避としての利用は、民間病院がコアになるかと思います。しかしながら、この場合、本人の状態は、普通か、または悪化しているのか、酔いから覚めれば、見た目（会話等）ではわかり辛い状態にあるだけに、受け入れる病院がかなり少ないというのが現状。診断は、一気飲みによる急性アルコール中毒があるように、（便宜上）急性シンナー中毒という形をとるケースもある。

仮に入院が可能となった場合、親と子が、後になって周囲や広く社会から誤解を招かないよう物事の流れ、あるいは手続きの流れを押さえておくことが必要となります。あくまでこの状況は、現行制度上の社会通念に照らしたものであり、未来永劫、続くかと言えばそうではなく、制度が変われば、社会もおのずと変わって行くに違いありますまい。また、この辺の状況をどう乗り越えて行くかが、様々な意味で、ターニングポイントとなりましょう。

ここからは、各論となります。

①問題を抱えないようにするための方法の1つ目として、事が法の絡む問題だけに保険証は、極

力、使わないようにすることかもしれません。また、後のことを考えれば、使えない。使えば記録（公共機関のデータベース）に残ります。２つ目は、検挙された後（身元引受人［主に親御さん］が現れ釈放された後）に入院するケースです。とりわけ成年に達している場合ですと、後日、取調官（書類送検前は警察・後は検察）が調書作成・補足等のために（入院中の）本人を訪ねることがあり、同じく記録に残ります。漏れないことが前提であっても記録に残れば、法定刑に比して割に合わないことになりかねません。その点、リスクの少ない（プライバシー問題が生じ難い）他の民間施設を自費で利用する方法もあり、個人情報の観点からは、一考に値するでしょう。

②理想的な対処法として、（成年・未成年に限ったことではありませんが）まずは、親御さん自身が熱くならずに、自らの無知（シンナー即ちアヘンという考え方を持つ親御さんもおられます）に気づくこと、つまり、乱用に関する正しい知識を身につけることが第一です。加えて、本人と心から話し合うことが何にもまして重要で、（後々まで親子の不和を引きずらないためにも）この解決策を強く勧めるところです。中には、子の同意（本人の主体的意思であるか否かはケース・バイ・ケース）を得て、入院させた後、母親が拝み屋さん（祈祷師）を訪れ、お百度参りに行ったという事例もあり、これなどは、いかにシンナーについて一般に何も知らされていないのかが伝わってくる典型かもしれません。

以上のような原因から意図しない結果を発生させないために、この問題については、とくに無知から知への転換が必要であるように思われます。

(3) 欧米の法規制の有無と個人保護等のあり方

(A) 欧米と日本との溶剤事情、そこから見えてくるもの

日本が欧米と比較し溶剤事情が異なると思われる点は、シンナー乱用を（とくに英語圏では）スニッフィング（溶剤・接着剤嗅ぎ）といい、吸入者（乱用者）とその経験者が圧倒的規模で存在しているのとその種類の多様性（以下、「米国のケース」参照）にあるでしょう。逆に共通しているといると思われるのは、溶剤自体が違法であるわけではないという点でしょうか。

日本の場合は、乱用防止の観点からシンナーと薬物が同列に取り扱われているためか、それが死角となって、溶剤乱用者に対する人道的プロセスが捉え辛いのですが、欧米においては、とりわけ規制違反を未然に防ぐという意味で、その前の段階で健康被害防止策（ないしはそのプログラム）が見える形で取り入れられているようで、この辺りのことも含め日本の対策とは、一線を画すると言えるのかもしれません。

溶剤に対して、規制物質（違法薬物）のケースでの健康被害防止策は、正直、（推測として）検挙後に講じられるものと思っていました。ところが、調査してみますと検挙の有無に関わらず、溶剤乱用に共通する対策として扱われているようでもあります。ただ、どちらが古くからそれを対策としているのかはわかりません。

しかし、そこにおいては両者を大きく隔てる要素はないものの、対象となる物質の法的な扱い方については、2つは区分されているようです。つまり、溶剤が、規制物質（違法薬物）と明確に異なりますのは、ドラッグ、即ち違法薬物という括りではなく、そこから除外されているために禁止規定を設けて、その行為（吸入）に関し、違法にしているという点です。

つまり、（繰り返しになりますけれども）欧米では溶剤乱用に関し、（犯罪、とりわけ軽罪として）取締り一辺倒ではなく、人権に配慮した予防策、乱用に陥った者に対する学習・回復プログラムが用意されているところが、日本の対策とは180度、異なる点でしょう。また、禁止規定であるからには、そもそも乱用者の責任のみを追及し、それが優先される規制ではないとも言えます。

このような欧米の個人保護の考え方に与かれば、先に述べた我が国の「毒劇法」規則（通達）は言うに及ばず、これを拠り所とした啓発運動に対する疑問にも、より人道的に確証の高い答えが導かれるでしょう。そこにおいて惑わされやすく、反省すべきは、溶剤は溶剤としてではなく、シンナーと覚醒剤・他薬物を〝ごった煮〟状態にしてしまい、広く国民に誤解を与えてしまった点と、本来「乱用に陥った者に対する学習・回復プログラム」が、どういうわけか、蚊帳の外に置かれてしまった点でありましょう。

…とはいえ、事前に健康被害防止策が用意されている欧米では、そこに線引きをする必要は無意味なことかもしれません。それは、取締りに傾斜するのではなく、これを超えて、すべての目的がそこに集約されていると思われるからです。こう考えますと我が日本においても、欧米と遜色ない人道に根差した対策が一日でも早く実現され、また、執り行われる日のきますことを祈るばかりです。

それでは、日本の健康被害防止策の、かかる反省はここで一旦、置くことにしまして、以下、引用文は、（微細な修正［意訳を含む］を除き）Google翻訳を用いることとし、英国と米国のケースを引き合いにスニッフィングに使用される溶剤の具体例を挙げながら、溶剤乱用の欧米事情を垣間見てみましょう。

（B）英国のケース

・英国、西ヨークシャー警察－ＨＰ（Ｑ＆Ａ）…引用

「接着剤のスニッフィングなどの溶剤の乱用は違法ですか？

溶剤乱用中に使用される製品の多くは通常の家庭用品であるため、溶剤乱用自体は違法ではありません。しかし、店主やその他の者が、18歳未満の者に中毒を引き起こす可能性のある物質、またはその蒸気を吸入する場合においては、その物質を販売することは違法です。同様に18歳未満の者に代わって行動していると彼が信じる人に販売することは違法です。

年齢制限のある商品を未成年者に販売している店を見つけた場合は、地元警察または取引基準局に報告してください。」

（Westyorkshire Police in UK［追1］原文の訳文）

スコットランドでは

・Wikipedia（英語版）-Inhalant（吸入）［追2］…引用

Legal aspects（法的側面）-Solvent glue（溶剤接着剤）

「速乾性の接着剤である接触セメントは、通常、室温で気化するトルエンなどの溶媒を含んでい

るため、吸入剤として広く使用されています。

溶剤接着剤は通常合法的な製品ですが、裁判所が子供への接着剤の供給は違法であると裁定した1983年のケースがあります。Khaliq v HM Advocateはスコットランドの高等法院が控訴審で下した刑事事件であり、子供が娯楽的に使用されることを知って合法であった接着剤を嗅ぐ材料として提供することはコモンロー（＊）の犯罪であると判断されました。グラスゴーの2人の店主がビニール袋に入った大量の石油ベースの接着剤で構成される「接着剤探知キット」を子供たちに提供したとして逮捕され、起訴されました。彼らは、供給したアイテムについて違法なことは何もないと主張しました。控訴審で、高等裁判所は、接着剤とビニール袋は完全に合法で日用品であるかもしれないが、2人の店主は子供たちが物品を吸入剤として使用しようとしていることを完全に知っており、起訴状の告発は有効であるとの見解を示した。この事件がグラスゴー高等裁判所で公判にかけられたとき、2人は3年の禁固刑を言い渡されました。」

（＊）［筆者注釈］一般に慣習法の意味で使われる。

(C)米国のケース

欧米、とりわけ米国で特徴的なのは日本の事情とは様相が一変し、乱用に伴う溶剤の種類(＊)に多様性が見られる点です。もちろん、乱用による人体に及ぼす影響(症状・後遺症［機能障害］)もその分、多様化・複雑化し、深刻さを増す傾向が高くなるでしょう。

(＊)吸入に使用される溶剤は揮発性物質であり、スニッフィングに使われるものには、主に接着剤、靴磨き、ガソリン、トルエン、油性マーカー、スプレー塗料、洗浄液、ライター液(ブタンライター)、亜酸化窒素、亜硝酸アミル、コンピューターのエアダスター、ペイントシンナー、マニキュア液、ネイルポリッシュリムーバーアセトンなどがある。成人に満たない若年層が、接着剤、靴磨き、ガソリンなどを吸入する傾向が高く、成人では、亜酸化窒素、亜硝酸アミルを吸入するケースが多いというデータもある。(＊は、英語版Wikipedia等を参考)

基本的に米国では、スニッフィング(ハイになること)に関する全国規模のアンケート調査を取り入れていますが、(仮に日本がそのような調査を行っていないとすれば)日本とは、その点からも対策の視点が真っ向から異なっているといえます。このように、溶剤乱用に対し国の方針が個人に寄り添い、主体的であれば、人や社会もおのずとオープンになって行くのは確かでしょう。

ちなみに、米国では、多くの州で溶剤・接着剤乱用の法規制があります。処罰規定は、ロサンゼルスの場合、最大で罰金1，000ドル、最長で懲役1年。吸引者数は、米国全体で2，250万人。スニッフィングの傾向として、1年以内でやめる者が大半。日本も例外なく、普通は乱用期間が短く、この点、どこの国でも共通しているように思われます。

・National Library of Medicine［追3］（米国ＨＰ）…引用

吸入剤使用の疫学

「米国の12歳以上の人口の推定9％（2，250万人）が、少なくとも1回は精神活性特性のために吸入剤を使用しています（NSDUH）。（略）ほとんどの吸入ユーザーは、かなり若いうちに行動を開始し、すぐにやめてしまいます。たとえば、2006年のＭＴＦは、吸入剤を使用したことがある8年生、10年生、および12年生の平均で半数が、過去1年間に吸入剤を使用していないことを示しました。」(Johnston et al, 2007)

・Wikipedia（英語版）－Inhalant（吸入）［追2］…引用

Legal aspects（法的側面）－Solvent glue（溶剤接着剤）

「米国の50州のうち38州が、さまざまな吸入剤を18歳未満の者が利用できないようにする法律を制定しました。他の州では、購入目的の認識なしに（店側が）これらのアイテムを販売することを禁止しています。一部の州では、これら吸入剤をハイになる（＊）目的で使用することを法律で禁止していますが、一部の州では、「特定の吸入剤の所持に関する法律」もあります。ほぼすべての州が、特定の法律に違反した場合に罰金や懲役刑を科しています。」

（＊）［筆者注釈］下記「（D）その他」を参照

・Wikipedia（英語版）－Inhalant（吸入）［追2］…引用

Solvents（溶剤）

「吸入剤として使用できる一連の石油ベースの製品。

家庭用または工業用のさまざまな揮発性溶剤が娯楽用ドラッグ（＊）として吸入されます。これには、石油製品（ガソリンと灯油）、トルエン（ペイントシンナー、油性マーカー、接着剤、模型用接着剤に使用）、アセトン（マニキュアリムーバーに使用）が含まれます。これらの溶媒は室温で気化します。エタノール（普段飲んでいるアルコール）を吸い込むこともありますが、これは室温ではできません。エタノールは、場合によってはネブライザーを使用して、液体から気体状態（蒸気）またはエアロゾル（ミスト）に変換する必要があります。液体をエアロゾルに攪拌する機械、エタノールを吸入するためのネブライザーの販売は、安全上の懸念から米国の一部の州で禁止されました。」

（＊）［筆者注釈］「娯楽用ドラッグ」とは、酒と共に一連の有機溶剤の別名として使われる場合がある。

（D）その他

・「ハイになる」という言葉について

「ハイになる」という言葉には、もう一つの見方（＊１）があります。興奮・奇声を上げるなど外から観察する（傍観者・被害者の）視点（＊２）の他に、多幸感、または気分が良くなるといった乱用者の内面に焦点を当てる（同一目線・対等の）場合（＊３）です。日本の場合、「興奮」

という言葉を引き合いに前者の意味で使いましたが、欧米（ここでは米国）の場合、全体の傾向として、以下、後者のケースで使われることが多いようです。この意味で捉えれば、シンナーと前者の症状を併せ持つ酒・薬物全般が、そこに当てはまることになります。

（＊1）National Library of Medicine［追3］（米国ＨＰ）…引用「人生でハイになるために、接着剤のにおいを嗅いだり、エアゾールスプレー缶の中身を吸い込んだり、その他のガスやスプレーを吸い込んだりしたことは何回ありますか？」吸入剤の使用に関する全国的な（代表的な）調査…12年生は１９７５年以降、8年生と10年生は１９９１年以降の年次横断調査より

（＊2）筆者注釈（持論）…集団主義から見える光景…外面にとらわれる（文化的な専制主義・儒教系。民主主義との不一致、制度と文化のねじれ現象が起こる）

（＊3）筆者注釈（持論）…個人主義（個人の尊厳）…内面を映す（文化と制度が一致・民主主義）

ガソリンを吸入するケース

・Wikipedia（英語版）-Inhalant（吸入）［追2］…引用

Australia（オーストラリア）

オーストラリア先住民、薬物・物質（ガソリン）乱用

「オーストラリアでは、孤立した貧困に苦しむアボリジニのコミュニティで、長い間ガソリンのにおいを嗅ぐ問題に直面してきました。一部の情報源では、におい嗅ぎは、第二次世界大戦中に米国のトップエンドに駐留していた米国の軍人によって導入されるか、または１９４０年代のコーバーグ半島製材所労働者による（ガソリン吸入の）試みを通じて導入されたと主張していますが、他の情報源では吸入乱用（接着剤など吸入）は１９６０年代後半にオーストラリアで見られたという主張もあります。慢性的に大量のガソリンのにおいを嗅ぐことは、（遠く離れた）貧しい先住民のコミュニティで行われているようです。」

アルコール吸引機の登場

・Wikipedia（英語版）-Inhalant（吸入）［追2］…引用

Administration and effects（投与と効果）

「エタノールも、狭い容器に入れたドライアイスに注いで気化させてストローで吸い込むか、コルク瓶にパイプでアルコールを注ぎ、自転車用ポンプを使ってスプレーします。アルコールは、単

純な容器と直火ヒーターを使用し気化することができます。喘息ネブライザーや吸入器などの医療機器も、適用手段として報告されています。2004年には、AWOL（液体のないアルコール）と呼ばれる装置の販売により、この慣行は人気を博しました。英国のビジネスマン、ドミニク・シムラーによって作られたAWOLは、最初にアジアとヨーロッパで導入され、次に2004年8月に米国で導入されました。人々は「グループで回して楽しんでいた」とのことです。（略）…」

◎AIを利用するに当たって

筆者の場合、AIサイトに登録する前までは、情報入手に当たり、たとえ目的とする場所・事柄が海外であったとしても、あまり気にも留めず国内のサイトを使い、検索を行なってまいりました。とくに海外の情報を直接調べたほうがよさそうな場合でも、その調べやすさから、目的のサイト・現地のHPを検索することは、ほとんどなかったように思います。

しかし、その登録後は、調査の幅が格段に広がり、とりわけ筆者のように日常的に調べものをすることが多い者にとりましては、AIの登場は、真にありがたく、たいへん歓迎されるものであることは間違いありません。お陰で、膨大な情報の詰まった生きた百科事典を手に入れた感があり、現在は、それを体験しつつ、非常に重宝しているというのが実感です。

筆者をして、ＡＩを利用するようになりましたのは、本書の原稿が仕上がり、その後の準備も進んでいた２０２３年４月半ば頃のことですが、それ以降、今一つ踏み込めなかった海外事情の調査が比較的スムーズに行くようになりまして、その第一弾が今回、急遽、追補した第５節（３）「欧米の法規制の有無と個人保護等のあり方」となります。

ＡＩの利用目的は、主に調べものにあるため、ネット検索を補足する手段として、また、調査するターゲットの全体の傾向を把握するために活用させていただくことになろうかと思います。たとえば、ある課題に関し多角的な視点（ここでＡＩを活用。ＡＩには虚偽も含まれるため多角的とする。あとは人力＝思考力）から問題点を分析し、一つの方向性を導き出す。したがいまして、明確な根拠が必要となる場合は、従来通り、各サイト・ＨＰを中心とする、この点は変わりません。

もし、一方が、０・１としているのに対し、他方が５・10となるようなケース、つまり、両者の回答に矛盾や齟齬が生じるケースにおいては、公の機関など日常的に多くの人々が信頼を寄せているサイト・ＨＰ、あるいは、提供する情報に明確な根拠（引用等の出典）が示されている信頼の置けるサイト・ＨＰを優先することとします。
なお、ＡＩ利用の基準づくりに関し、著作権、プライバシー等の問題もありまして、これから情報を利用する側、利用される側の公平・公正・中立を念頭に、その辺りの利害の調整を図りつつ、人にやさしい法整備が進められて行くことを、在野からではありますが、こころより願っているような次第です。

以上、簡単ではありますが、筆者のＡＩについての取り組み方となります。

この説明を挟んだため、文の流れを一旦、遮ってしまいましたことを深くお詫び申し上げます。
それでは、思考を前に戻し、ギアを再び上げてまいりましょう。

❻ 集団の論理がもたらすもの

取締りを第一とした場合、個人保護という観点からは、対策が常に後ろ向きで前へ進まず、個人を救済し難い。結果、社会全体の利益（公共の福祉）につながらない。

(1) 集団の論理が働く取締りで…解決？

本来、必要なシンナー乱用対策ないしはその啓発運動は、取締り一辺倒ではなく、むしろ、一度そこに立ち入ってしまった若者をどう助けるか、ここに重点が置かれなくてはならないのかもしれません。

彼らの多くは、現実逃避（耽溺行為）に向かう原因の一つとして、少なからず、自ら選ぶことのできない不遇な家庭環境（生活環境）に置かれ、通常は、そこに感じられるはずの「心」（ぬくもり・やさしさ）や周囲から得られるはずの「共助」が一般的には欠乏ぎみ（＊）にあるか、欠乏（＊）しているように思われます。それは、生まれながらにしてか、それともその後の生活環境がもたらすものであるかは判断し難いですが、何がしかの環境による負荷を彼らが、背負い込まされているのは確かでしょう。

（＊）程度の差はあるでしょうが、場合によっては、心の問題を抱えていて本人自身が周りを受け入れたくても受け入れられないことも…。

それだけに彼らを温かい目で見守ることの大切さが、取締りに傾斜するよりも優ると考えるのです。できれば、異端として彼らを捉えるのではなく、我々のほうから彼らに対し、同じ社会の一員であるという意識をもって、主体的に働きかけるように心がけたいものです。少なくとも、最低限、彼らを良い意味で注視し、見守ることができれば、深刻な事態に至る前に問題を回避できる可能性が、その分、アップするに違いありますまい。

先日、アルコール依存に陥った少年（高校生）の記事が、たまたま目に留まりました。原因については、詳しく書かれていないようでしたが、状況から判断し、家庭・学校、または、その2

つが合わさったものであることが考えられます。その上で、少年がアルコール依存に至った経緯に着目するとき、まず思い浮かぶのが、本人を取り巻く環境でしょうか。つまり、そこには、少年に手を差し伸べることのできる受け皿がなかったという点がおのずと見えてきます。このことは何もアルコールに限ったことではありません。視点を変えれば、広く青少年のシンナー吸引にも一脈を交わすことになるかと思われます。

ここで両者に共通する点は、何かを考えてみましょう。その第一は、彼らの周りには、オープンに話し合える場がないということ。第二は、場がないから内からも外からも、事態（置かれた状況）が見え辛くなり、俯瞰的には、問題の核心が隠れてしまうことで、本人と周りとの間に壁をつくり、本人も周りも閉鎖的になる…陰にこもるということでしょう。いずれにしても、何らかの場所（接点）を設けることでその壁は取り払われ、事態はオープンにされて行くに違いありますまい。少年にとっては、隠れる場所がなくなるから前へ向いて進む以外にない。周りにとっては、事実を知ることで冷静な判断・対応ができ、誤解や偏見に向かうこともない。

行為の良し悪し、また、その度合いはさておいて、まずは大人の我々が彼らの存在をありのままに受け入れる、注意を促しながらも、今ある彼らの現状を認めることで、彼らも自身の行為に正面切って向き合い、自身の振る舞いを認めざるを得なくなる。つまり、反省につながって行くのです。

シンナーを10年にもわたり使用し続け、体に麻痺が残るといった大変な事態（多発神経炎）を招いた前章の女性の事例を一言でいえば、対策に当たって、上記のような個人保護の観点が抜け落ちていたから悲惨な状態に発展してしまったといえるのではないでしょうか。即ち、受け入れる土台がなかったがために生じた不幸としか言いようがないということです。それゆえ彼らの生命、また生活を守るための環境づくりは、従来型の対策・啓発運動よりも優先して存在しなければならないもの、決してなおざりにできないものと位置づけられましょう。

（2）今後の課題…乱用者は二次的な被害を受けやすい

乱用者（「規制が設けられた当初72年以降は罰金三万円以下。82年以降は以下に記す」）が、他者の行為により犯罪被害者にされて行くことには、ほとんど世の注目は集まりませんけれども、これは、乱用者、あるいは社会にとって乱用以上に深刻で、決して見逃すことのできない重要な問題であろうかと思われます。

とくに罰則が強化され、罰金はそのままに一年以下の懲役が科せられた82年以降（現在の法では懲役はそのままに罰金が五十万円以下に変更）では、乱用者は、そもそもそれ自体、犯罪を犯している悪人であるから、他者は、その者に対し何をしてもいいという気持ち（誘惑）に駆られるのが、人の性でありましょう。その誘惑にある者の感情を止めることはできません。一例を示せば、職場内でA地点にいたにもかかわらず、いなかったと言われる。同じく職場内でB車両を借りたはずが、窃まれたと言われるなど。とくに組織が絡む場合、その傾向は顕著のようです。

また、82年を基点にその改正前・改正後を含めて言えることとして、感情の一線を越え、何がしかの行為に向かいますと、当然のことながら、仕掛けた本人は犯罪者となります。程度にもよりましょうが、大概において彼ら（仕掛けた本人）は、乱用より重い罪を犯すことが多いでありましょう。我々は、この点にもう少し、注意を傾ける必要があるようです。

ここでシンナー乱用者に対する他者の行為の影響について、視点を移します。

シンナー乱用者、つまり本来、保護されるべき弱者は、吸引中、吸引後しばらくは、通常の思考が働き難いため、他者である強者によって、他の犯罪者に仕立て上げられる危険性が高いことは上に述べたとおりです。そこにある乱用者は、もうろう状態・心神耗弱にあるゆえ、（とくに身柄拘束にあれば）不利な状況に陥りやすく、結果として冤罪に発展してしまうことがあり、ここが特筆すべき情報の死角となっているように解しております。

ここで最も注意しなければならないのは、実際は、その者が犯罪被害者であるにもかかわらず、乱用（犯罪）という避け難い事実によって周囲が聞く耳を持たなくなるケースが、多々あるという現実です。その場合、一度、濡れ衣を着せられますと、二次的な被害に遭遇しやすくなります。たとえば、本来、秘匿であるべき個人情報が垂れ流されるケースはもとより、他の事件のプロファイリング候補にも上りやすく、生涯にわたって不審者としてマークされたりしましょう。この時点で、その者は生きて行く上でのリスク、社会生活の両面において不平等を強いられます。言い換えれば、守られなければならない人権が守られない公算が、非常に高くなるということです。

何が、そうさせるのかは、言うまでもありますまい。もともと乱用を犯罪とみなせば、乱用者（ここでは離脱・回復者）を弱者（ある種犠牲者）とみなす意識が乏しくなる。この大事な部分が抜け落ちているために、乱用者の傍にいる者は、悪びれることなく乱用者にシグナルを送りやすく、対し乱用者は、乱用という自らの行為（立場）に負い目を感じていることから、多少の中傷には目をつむる。結果、誤った情報が拡散し、風評被害を発生させる。

これが、本来、秘匿であるはずのものが表に出たときの乱用の恐ろしさ…事実誤認が闊歩する「乱用」とそこから派生した「冤罪」の行き着くところであり、乱用の根本にある問題でありましょうか。

総じていえば、乱用の真の怖さ、回避できない怖さとしては、乱用そのもの（＊）より、仕立て上げられ冤罪を被り、二次被害に遭遇することにあり、そして、乱用の事実誤認がそれを後押しするといったこのプロセスにこそ、乱用問題の核心があるという気がします。そこに至る道のりを考えますと、仕立て上げられ冤罪に至った時点で、「…やむはずの乱用もやまず、真っ逆さまに落ちて行く」。落ちるところまで落ちて行き、次に待っているのが二次被害であるという解釈をしております。

この問題は、単一方向に傾斜することのない、〝乱用弱者〟に対する個人保護・人権保障（＊）を優先させることの重要性を示唆しています。つまり、毒劇法には、国際社会で通用する「条理」と「乱用者保護」等の普遍的な合意が不可欠で、そこをベースとした対策には「事実の伝播」が欠かせないということでもあります。

（＊）グラフ下2番目の項目「人権重視のシンナー乱用対策とは」を参照

(3) 法改正を急ぐべき理由…要点

以上に記しましたことは、「毒物及び劇物取締法」72年一部改正（シンナー乱用規制）の見直し・改善を目的とした内容で、具体的に言いますと問題は、かかる法の矛盾点、それを軸とした対策・啓発の不備による人権救済の欠如および人権侵害（＊1）、プライバシーの侵害（＊2）が、現在も尚、この瞬間において、発生している点にあります。

（＊1）人権救済・人権侵害…取締り一辺倒となることによって、乱用者の個人保護が満足の行く形で行われていない点、もう一つは、過剰な宣伝効果によって離脱・回復者に対する社会の事実誤認が生じてしまった点が問題としてある。

（＊2）プライバシーの侵害…公的機関の窓口など個人情報の垂れ流しがかなり広範囲にわたり存在する…現行の国内法では、乱用自体が法に抵触する行為なので、外部にそのデータを漏らさない限り公僕が職務上、閲覧し得ても処罰の対象にはならないが、もともと法の存在意義・根拠が曖昧で不明確な場合には、国際法上、重大な人権問題を伴う。

これらの内容を踏まえ、もし単に「国民の精神衛生上ゆゆしい問題」、「社会通念上正当とは認められない」理由で罰則を設け、その後、罰則を強化して行った点では、それは、明らかに人権軽視となります。それゆえ、現行のシンナー対策は、「個人の尊厳」、また「公共の福祉」との兼ね合いからも、おかしな展開になっているように見受けられるのです。

他方では、筆者のこのような捉え方が的外れであってほしいと願うばかりですが、様々に検証を重ねてまいりますと、やはり、結論としては、上に述べた一連の指摘に行き着いてしまうのも、無理からぬ事実としてあります。そうである限り、国には、既存の単一方向にある対策を一旦捨てていただく以外には、国民それぞれにとって公平・公正な解決法は見出せないといえるでしょう。

「国民の精神衛生上ゆゆしい問題」、「社会通念上正当とは認められない」理由により取締りを継続して行くにしても、①「個人保護の欠如」、②「社会の事実誤認」、③（②を含んで生じる）「プライバシーの侵害」を発生させているのは間違いなく、対策の見直し・改善に着手しない限り、現状維持の乱用対策では、難があると言って良いでしょう。

我々は、これから「個人の尊厳」を旨として、人の心に寄り添える「人権尊重」社会に向かおうとしているのか、ややもすると「全体主義」に発展しかねない、それを内に秘めた〝世論誘導〟社会（「集団主義」）に留まるのか、その分岐点に立たされているようでもあり、ここを、シンナー対策の矛盾点のみならず、ハラスメント等、社会にある様々な問題を取り上げながら、改めて、侃々諤々、議論を重ねて行かなければならないと、そう強く感じております。

第三　国際法が保障する人権

❶ 国際人権規約

1945年、国際連合憲章で「基本的人権」、「個人の尊厳」等が確認されました。1947年、それらを伴う日本国憲法の施行をみる。その1年後の1948年、国連で世界人権宣言が採択されます。そして、この「世界人権宣言」の諸権利を継承する形で1966年、「国際人権規約」が同じく国連の場で採択に至る。日本は、出遅れた格好となりましたが1979年、この条約（国際法）に批准する。

その内容、即ち「国際人権規約」は、2つの規約と2つの選択議定書から構成されます。規約に関しては、社会権規約（＊A）と自由権規約（＊B）からなり、後者の自由権規約については、当初、通報制度を盛り込む予定であった。つまり、個人が、権利を主張する（訴えを起こす）ことができる場所として、自由権規約委員会を利用できるというものでした。しかし、これを規定しますと批准する国が減少するという理由から、別途、その代案として第一選択議定書（＊C）が設けられた経緯があります。残念ながら日本は、この第一選択議定書の締約国には至らなかった。

ちなみに選択議定書には、もう一つ、第二選択議定書（＊D）があります。これは死刑廃止を目的としている。また、社会権規約の選択議定書（＊E）の通報制度は、自由権規約よりも後に設けられる。大まかに言えば、これが「国際人権規約」の流れです。（国際人権規約「外務省」[28]）

（＊A）社会権規約（「経済的、社会的及び文化的権利に関する国際規約」１９６６年採択、１９７６年発効、締約国１７１か国。２０２２年４月現在）

（＊B）自由権規約（「市民的及び政治的権利に関する国際規約」１９６６年採択、１９７６年発効、締約国１７３か国。２０２２年４月現在）

（＊C）第一選択議定書（個人通報制度「市民的及び政治的権利に関する国際規約の選択議定書」１９６６年採択、１９７６年発効、締約国１１６か国。２０２２年４月現在）

（＊D）第二選択議定書（死刑廃止「市民的及び政治的権利に関する国際規約の第二選択議定書」１９８９年採択、１９９１年発効、締約国90か国。２０２２年４月現在）

（＊E）選択議定書（個人通報制度「経済的、社会的及び文化的権利に関する国際規約」２００

8年採択、2013年発効、締約国26か国。2022年4月現在)

(［＊AからE］国際人権規約「ヒューライツ大阪」［28］)

「自由権規約」の規定の一例として「プライバシーの保護」を挙げてみます。

第十七条　一項　何人も、その私生活、家族、住居若しくは通信に対して恣意的に若しくは不法に干渉され又は名誉及び信用を不法に攻撃されない。

二項　すべての者は、一項の干渉又は攻撃に対する法律の保護を受ける権利を有する。

個人の権利が侵害された場合に、直接、規約委員会に通報できるとした締約国も現在では116か国存在します。日本は締約国になっていないものの、条約に批准していますから国としては、国民に対し、最大限の保護を可能とする体制が整っていることになります。しかしながら、まだまだ民主主義国家としては不足している部分が垣間見られ、こと、シンナー乱用対策・啓発運動に現れる個人保護等に関しては、緒に就く一歩手前と言った印象を拭いきれないのが現状のようです。

上記「国際人権規約」の比較として「世界人権宣言」第十二条（参照）

第十二条　何人も、自己の私事、家族、家庭若しくは通信に対して、ほしいままに干渉され、又は名誉及び信用に対して攻撃を受けることはない。人はすべて、このような干渉又は攻撃に対して法の保護を受ける権利を有する。すべて人は、この宣言に掲げる権利及び自由が完全に実現される社会的及び国際的秩序に対する権利を有する。

ここで、「国際人権規約」の基となった「世界人権宣言」の前文の一部（＊）と条文の一部を載せておきます。

（＊）前文の冒頭…「人類社会のすべての構成員の固有の尊厳と平等で譲ることのできない権利とを承認することは、世界における自由、正義及び平和の基礎である…」

❷「世界人権宣言」条文（参考）

第一条　すべての人間は、生れながらにして自由であり、かつ、尊厳と権利とについて平等である。人間は、理性と良心とを授けられており、互いに同胞の精神をもって行動しなければならない。

第二条　すべて人は、人種、皮膚の色、性、言語、宗教、政治上その他の意見、国民的若しくは社会的出身、財産、門地その他の地位又はこれに類するいかなる事由による差別をも受けることなく、この宣言に掲げるすべての権利と自由とを享有することができる。

さらに、個人の属する国又は地域が独立国であると、信託統治地域であると、非自治地域であると、又は他のなんらかの主権制限の下にあるとを問わず、その国又は地域の政治上、管轄上又は国際上の地位に基づくいかなる差別もしてはならない。

第三条　すべて人は、生命、自由及び身体の安全に対する権利を有する。

第四条　何人も、奴隷にされ、又は苦役に服することはない。奴隷制度及び奴隷売買は、いかなる形においても禁止する。

第五条　何人も、拷問又は残虐な、非人道的な若しくは屈辱的な取扱若しくは刑罰を受けることはない。

第六条　すべて人は、いかなる場所においても、法の下において、人として認められる権利を有する。

第七条　すべての人は、法の下において平等であり、また、いかなる差別もなしに法の平等な保護を受ける権利を有する。すべての人は、この宣言に違反するいかなる差別に対しても、また、そのような差別をそそのかすいかなる行為に対しても、平等な保護を受ける権利を有する。

第八条　すべて人は、憲法又は法律によって与えられた基本的権利を侵害する行為に対し、権限を有する国内裁判所による効果的な救済を受ける権利を有する。

第九条　何人も、ほしいままに逮捕、拘禁、又は追放されることはない。

第十条　すべて人は、自己の権利及び義務並びに自己に対する刑事責任が決定されるに当っては、独立の公平な裁判所による公正な公開の審理を受けることについて完全に平等の権利を有する。

第十一条　犯罪の訴追を受けた者は、すべて、自己の弁護に必要なすべての保障を与えられた公開の裁判において法律に従って有罪の立証があるまでは、無罪と推定される権利を有する。

何人も、実行の時に国内法又は国際法により犯罪を構成しなかった作為又は不作為のために有罪とされることはない。また、犯罪が行われた時に適用される刑罰より重い刑罰を課せられない。

第十二条　何人も、自己の私事、家族、家庭若しくは通信に対して、ほしいままに干渉され、又は名誉及び信用に対して攻撃を受けることはない。人はすべて、このような干渉又は攻撃に対して法の保護を受ける権利を有する。すべて人は、この宣言に掲げる権利及び自由が完全に実現される社会的及び国際的秩序に対する権利を有する。

第十三条〜第二十七条（省略）

第二十八条　すべて人は、この宣言に掲げる権利及び自由が完全に実現される社会的及び国際的秩序に対する権利を有する。

第二十九条　すべて人は、その人格の自由かつ完全な発展がその中にあってのみ可能である社会に対して義務を負う。

すべて人は、自己の権利及び自由を行使するに当っては、他人の権利及び自由の正当な承認及び尊重を保障すること並びに民主的社会における道徳、公の秩序及び一般の福祉の正当な要求を満たすことをもっぱら目的として法律によって定められた制限にのみ服する。

これらの権利及び自由は、いかなる場合にも、国際連合の目的及び原則に反して行使してはならない。

第三十条（省略）

（国際連合広報センター「世界人権宣言テキスト」より［29］）

第三　国際法が保障する人権

おしまいに

我々は、日頃から様々な情報にさらされ生きている。その中には、間違った情報・誇大な情報と、正しいと思われる情報とが入り乱れて、ややもすると間違った情報・誇大な情報を正しいと錯覚して、頭にインプットされてしまうケースも多々ある。場合によっては、一旦、思い込めば、個々人の生活に多大な影響を及ぼす可能性もありますから、情報を受け取る側としては、その真偽や自身のマインドには細心の注意を払う必要が出てくるでしょう。

とくに情報の発信源が国で、そこに社会秩序・治安が絡んでいる場合、マスコミも国と一丸となって重要な役割を果たしますので、我々には、本来、そのプロセスを含め真偽の程を推し量りつつ、適切な判断が求められる。ところが、実際には、そうは行かないもので、通常、我々は、発信の当初よりその真偽の程を省いて、ダイレクトに情報を受け入れてしまう、鵜呑みにしてしまうことが多いのも事実であります。残念ながら筆者を含め、これが人間としての性なのかもしれません。

それゆえ、思い込みの弊害は、想像以上に恐ろしい結果をもたらしてしまうようです。たとえば、かつて、被害者でありながら加害者であるとして吊るし上げられた松本サリン事件がそうでした。さらに時代を遡れば、戦時中の「大本営発表」が流した嘘八百に通ずるところもあります。今でいえば、ロシアのウクライナ侵攻のさなか、プロパガンダに翻弄される人々の心理状態にも見ることができるでしょう。

今回の主題となる「毒物及び劇物取締法」72年一部改正による〝シンナー規制〟も、条件さえ整えば、その一つに入る可能性は十分考えられるところです。それだけに今一度、心の目を研ぎ澄まし、この問題に真摯に取り組んで行きたいものです。我々にとって、より安全な国にするために、より安心して暮らせる社会にするためにですね。人権が軽視される〝國體〟からは、決して豊かな社会は育たない、そう断言して差し支えありますまい。

本来、間違っている情報が正しいとして認識・拡散されるとき、反対方向にあってそれを目撃している個は、必然的にアイデンティティーの喪失を余儀なくされる。この類の事象は、ここに提起する内容にとどまらず、実のところカテゴリーを跨ぎ、我々の社会には多くある問題なのかもしれません。その分、個の喪失も場所を選ばず、至る所で生じるのです。もっとも、これを埋める旅が、我々にとって生きるエネルギーとなり、また、これこそが、自助の本質とも言えましょう。この自助が「人間の尊厳を大切に」と願う共助・公助とも深く関わってくる。

我々に希薄なものは、個としてのそのプロセス。もっと言えば、問題はそのプロセスの中に隠されている自己との関り方。我が国には、とりわけ自殺が多いことからすれば、そのように思われるところです。自殺が多ければ、おのずと自殺願望、あるいは悪しき逃避行動もそれに付き従う。これらを未然に防ぐには、公の対策しかないとする国の思い込みが、そこには垣間見られます。また、国が国民に対して過干渉となるから、国民も必要以上に国に依存する。

そこにあっては、その関係が密な分、自己疎外の悪循環を招き、個は弱くなる。個の人間関係も同じ。当然、集団主義（全体主義）を助長しやすくなり、全体としては、縦社会を形成する。結果として、国民生活全般にわたり民主主義が根付き辛く、人権にしわ寄せが向かう社会となりましょう。これを日本文化だとして諦める手もあり、日本の将来のためにできるところから改善して行く手もあります。

[7] 科学技術振興機構Science-Portal（東北大学など研究グループ）「“飲兵衛”はドーパミン受容体が増える 酒量増の仕組み解明」2021.03.03
https://scienceportal.jst.go.jp/newsflash/20210303_n01/

[8] （プレスリリース）東北大学「酒量が増える脳内メカニズムの解明　ドーパミン報酬系の異常が飲酒の増大をもたらす」2021年2月18日プレスリリース・研究成果…英科学誌Scientific Repotsに掲載
https://www.tohoku.ac.jp/japanese/2021/02/press20210218-02-alc.html

[9] The Daily Digest（Zeleb.es）「新型コロナウイルスが脳に与える破壊的影響…新型コロナウイルスが脳に影響を与える？」2023.1.13
https://www.msn.com/ja-jp/news/techandscience/%E6%96%B0%E5%9E%8B%E3%82%B3%E3%83%AD%E3%83%8A%E3%82%A6%E3%82%A4%E3%83%AB%E3%82%B9%E3%81%8C%E8%84%B3%E3%81%AB%E4%B8%8E%E3%81%88%E3%82%8B%E7%A0%B4%E5%A3%8A%E7%9A%84%E5%BD%B1%E9%9F%BF/ss-AA16i7Ti?ocid=msedgntp&cvid=fb3f910b3efa4f5695e665e2fc598e8d

[10] 全日本民医連医療安全委員会「醤油の大量摂取は死に至る場合があります」2010.12.17（引用）
https://www.min-iren.gr.jp/wp-content/uploads/2014/03/anzenjoho_035.pdf

[11] （株）ウィサポート「依存症とは…精神作用物質使用による精神および行動の障害、3精神依存と身体依存」
https://wesupport-group.co.jp/%E9%9A%9C%E3%81%8C%E3%81%84%E3%81%AB%E3%81%A4%E3%81%84%E3%81%A6/1790-2/

[12] 一般社団法人広島県医師会「救急小冊子…3有機溶剤が心身に及ぼす影響、（2）慢性効果」
http://www.hiroshima.med.or.jp/pamphlet/276/post-111.html

[13] 時事通信（時事メディカル）「家庭の医学「多発神経炎」」（引用）
https://medical.jiji.com/medical/011-0063-01

◎ 参考文献・引用…資料（WEB）2022年閲覧

WEBサイトは、時間の経過、またはサイトの移転等により、常に掲載されているとは限りません。それゆえ、提供する側の都合で削除される場合もあります。どうぞ、ご理解ください。

［1］（医学雑誌）山脇成人「シンナー中毒の精神薬理学的研究、広島大学医学雑誌,33（2）423?432,S60.4」（引用）
https://ir.lib.hiroshima-u.ac.jp/files/public/2/20951/20141016135728870244/diss_otsu1351.pdf

［2］アル法ネット（アルコール健康障害対策基本法推進ネットワーク）「WHO世界戦略への経緯」（参考・引用）
https://alhonet.jp/who.html

［3］（新聞）日経Gooday30+「習慣的な飲酒　少量でも脳に悪影響を及ぼす恐れ」（2022.5.9）（引用）
https://style.nikkei.com/article/DGXZQOLM27BA00X20C22A4000000/

［4］（画像1・2・5）長崎県HP（写真提供・久里浜医療センター）「アルコールによる脳への影響」（引用）
https://www.pref.nagasaki.jp/shared/uploads/2019/03/1553214477.pdf

［5］（画像3）slidesplayer.net「アルコールで縮んだ脳」（引用）
薬物乱用防止教室（16番）
https://slidesplayer.net/slide/11085328/

［6］拡大
https://images.slidesplayer.net/40/11085328/slides/slide_16.jpg

［5］（画像4）slidesplayer.net「シンナーの脳への影響」（引用）
薬物乱用防止教室（…番）
https://slidesplayer.net/slide/11085328/
拡大

［22］（法令）厚生省「毒物及び劇物取締法等の一部を改正する法律等の施行について…発薬第六九四号（各都道府県知事あて厚生省薬務局長通達）昭和四七年七月二一日（1972.7.21）」（引用）
https://www.mhlw.go.jp/web/t_doc?dataId=00ta7342&dataType=1&pageNo=

［23］国連「麻薬に関する単一条約」（参考）
Wikipedia　https://ja.wikipedia.org/wiki/%E9%BA%BB%E8%96%AC%E3%81%AB%E9%96%A2%E3%81%99%E3%82%8B%E5%8D%98%E4%B8%80%E6%9D%A1%E7%B4%84
日本学校保健会　https://www.hokenkai.or.jp/3/3-3/3-39/3-39-1.html

［24］Wikipedia「向精神薬に関する条約」
https://ja.wikipedia.org/wiki/%E5%90%91%E7%B2%BE%E7%A5%9E%E8%96%AC%E3%81%AB%E9%96%A2%E3%81%99%E3%82%8B%E6%9D%A1%E7%B4%84

［25］Wikipedia「薬物」
https://ja.wikipedia.org/wiki/%E8%96%AC%E7%89%A9

［26］（判例）シンナー乱用事件に関する最高裁（平成7年）（引用）
https://www.courts.go.jp/app/files/hanrei_jp/004/058004_hanrei.pdf

［27］東京都公立高等学校PTA連合会「青少年による薬物乱用の現状と家庭・地域・学校の防止対策」（引用）
https://tokoupren.org/shiryou/2014/2014-11-09_LeaderKensyuPPPdata.pdf

［28］国連「国際人権規約」
外務省（参考）
https://www.mofa.go.jp/mofaj/gaiko/udhr/pdfs/kiyaku.pdf
ヒューライツ大阪（参考・引用）
https://www.hurights.or.jp/archives/treaty/un-treaty-list.html

［29］国際連合広報センター「世界人権宣言テキスト」（引用）
https://www.unic.or.jp/activities/humanrights/document/bill_of_rights/universal_declaration/

［14］ Wikipedia「フラッシュバック（心理現象）」
https://ja.wikipedia.org/wiki/%E3%83%95%E3%83%A9%E3%83%83%E3%82%B7%E3%83%A5%E3%83%90%E3%83%83%E3%82%AF_(%E5%BF%83%E7%90%86%E7%8F%BE%E8%B1%A1)

［15］ 仲宗根病院（大分の精神病院）「アルコールで起こりえる精神の異常（アルコール離脱せん妄）…体中を黒い小さな虫が這っている（虫などの小動物幻視）」（引用）
https://www.nakasone-hp.com/alcohol.html

［16］ Medicalook（EPARK）「急性アルコール中毒の後遺症、残る確率は？軽度〜重度まで。脳に障害の可能性も」更新日2021-05-25・公開日2020-03-13（参考）
https://epark.jp/medicalook/acute-alcohol-intoxication-aftereffect/

［17］ 特定非営利活動法人アスク・ヒューマン・ケア「依存症の当事者と家族のために」（参考）
https://www.a-h-c.jp/article/4974

［18］ 厚生労働省（e-ヘルスネット）「アルコールと認知症…3少量ないし中等量の飲酒と認知症について」（引用）
https://www.e-healthnet.mhlw.go.jp/information/alcohol/a-01-007.html

［19］（雑誌）日経ビジネス（クリステン・ウィルミア脳神経科学者［Ph.D.］）「脳科学者が明かす、脳についてのウソと本当…男性脳と女性脳はあるのか？」2022.1.12（引用）
https://business.nikkei.com/atcl/gen/19/00410/122200003/?P=3

［20］（雑誌）デイリー新潮「15歳から39歳までの日本人の死因の第1位は「自殺」養老孟司と池田清彦が日本のいまを喝破する」2022.8.30（引用）
https://www.dailyshincho.jp/article/2022/08300610/?all=1

［21］（新聞）熊本日日新聞「丸刈り“部活の暗黙ルール” 校則見直し進むも…学校内に逆らえない『同調圧力』2022.6.16」（引用）
https://kumanichi.com/articles/691670

追補：（英語版WEB）2023年4月閲覧

［追1］ Westyorkshire Police in UK
https://www.westyorkshire.police.uk/ask-the-police/question/Q775

［追2］ Wikipedia（英語版）-Inhalant（吸入）
https://en.wikipedia.org/wiki/Inhalant

［追3］ National Library of Medicine
https://www.ncbi.nlm.nih.gov/pmc/articles/PMC1592311/

巻末（付録）　「二元論社会」

❶ 現象を掘り下げると

（現象の捉え方の一つとして、○をニュートラル・ポジションとして考えてみる）

本能（的）・――――――○――――――・認識（的）

（本能［的］な方向には、「不安定な愛」・「偏狭な思考」・「肉欲」がある。認識［的］な方向には、「本物の愛」・「おもいやり」・「リスペクト」がある。時として、人は、本能の僕となるが、常は認識を友とし普遍的思考を抱かなくては人生そのものに安定がなくなる。それは社会的ポジションや経済力とは別の次元に位置する。）

二元論（相対的）は、認識とニュートラルの間でよりも、ニュートラルと本能の間で生じやすい。

人それぞれ、「自身のポジション」（①）というものがある。

ニュートラル―本能（的）のほうにあるか、それともニュートラル―認識（的）のほうにあるか。自身の置かれたポジションによって、より本能的な言動をとりやすいか、より認識的な言動をとりやすいかが決まる。

［a］本能（的）・――①――○――・認識（的）

［b］本能（的）・――○―①――・認識（的）

また、人には、①を基準とした振れ幅（②-③）がある。振れ幅が狭い者と広い者とがある。

［a］本能（的）・―②―①―○―③――・認識（的）

［b］本能（的）・――②――○―①――③―・認識（的）

常態では、認識的（三元論［内観的］）に考える者であっても、本能的な行動を回避することはできない。人間である以上、一般的に男女の営みは避けては通れないし、観念的な面では、「自分の愚かをわかろうとすることほど、難しいものはない」ということになる。私を含めて凡夫は、限りなく［a］だろうが、煩悩を払うために出家した修行僧などは、［b］に属するのだろう。

①の位置によって、つまり常態がどこに位置するかによって、利己心の回避・コントロールの仕方が変わり、幸福（充実）度・安心感と言ったものに違いが出るのではないかと思われる。

逆に言えば、我々の常が、相対的にあればあるほど、上記、事例のとおり、どの立場にあろうが、どこに属そうが、不平不満・苦悩・不安感と言った情動に強く影響を受けると考えることができる。これが、非難・罵倒・偏見・差別として現れるのではないか。

＊本能（的）を二元論（相対的＝利己的な自分を軸とした自分と他人）とする。

本能（的）・――（二元論）――〇――――――・認識（的）

＊認識（的）を三元論（内観的＝自分と他人を普遍に投げて反芻・咀嚼）とする。

本能（的）・――――――〇――（三元論）――・認識（的）

❷ 現象の視座…二元論

二元論を考えた場合、いろいろな捉え方ができると思われる。

人間の生活・情緒面から言えば、それをカオスという言葉で置き換えても良いだろう。しかし、カオスは人間が人間として生きていく上で、進歩・発展の足がかりとしてなくては困るが、相当厄介な面を含んでいるのも確かである。

カオスは、無秩序な平穏と混乱を内在させる。

我々が、カオスに暮らすうちは、温かみのあるアットホーム的な幸せを享受する。カオスにいても何ら問題ではないし、差し支えない。が、ひとたび、我々が、何らかの批判・非難の材料を目の当たりにしたり、矢面に立たされると、それは、認識を持って他者をおもいやり、また、人をリスペクトする心の邪魔をする。

この点で、問題を抱える。

ここにあっては、すでに我々の思考は内観が不足しているか、その可能性大で、知識や正義感、あるいは、社会的・職業的ポジションといった制度上・習慣上の掟・規則、常識といったものの一切は、それに比例して無意味となる。

・内観は心の修養（三元論）だから、単に知識として学んでも主体的には身につかず。

・心の修養ができていない正義感は正義にあらず。人や社会を混乱させる。情緒的な問題の他、冤罪事件などのきっかけを作りやすい。

・社会的ポジション…内観には直接関係しない。職業以外の組織、地域社会などから派生する役割。

・職業的ポジション…内観には無縁。（以下、本文にない前掲注につき省略）

言い換えれば、我々の適切と思われる判断は、相対的に物事を捉える限り、TV・新聞・実体験などありとあらゆる場面で、何ら目前の事象に疑問を抱くことなく、裏か表かしかない二元論の呪縛を背負わされるのである。なぜだろうか。

それは、どこまで行っても、自身が対象と比較し、どのような存在に映るのか、また、どのようなポジションにあるかの欲求を払拭できずに、対象を捉えようとする守りの姿勢（自己防衛）

が、働くからに他ならない。

人間の素養を「知識」に求めた場合、人をして、対象（他者）をパターン化する術を覚え、その道の達人になり得はしても、自身の人間性には、さほど影響を及ぼさない。そればかりか、社会にとっても、進歩といえるほどの進歩は見出せない。もちろん、それで、この国の産業・科学技術の発展に大きく寄与してきた経緯があるわけだから、人を「物」とみなすなら対象のパターン化でもよいと思うのだが、どうであろうか。

しかし、そうである限り、ワイドショーなどに見られるように、我々は、個人の吊るし上げの現場に立ち会ういつか来た道、あるいは堂々巡りの材料には、悪い意味で不自由しないことになる。

番組が我々をそこに向かわせるのか、我々が番組をそこに向かわせるのか。二元論（個の同質性）の跋扈する社会は、この世の終末（想定外）まで永遠に続くとは思わないが、当面は、収束しそうにもない。否、このまま行けば、収束しない公算が高いだろう。

個の同質性＝我々の常態は、自らを、正義・善の主体として捉え・判断する性質を持つ。それが、強ければ強いほど、我々の心は、本能に向かう。苦悩する。その逆は…。

人生という修行の舞台で内観を深めて行くことで楽になる。そこから逃げていては内観も逃げる。が、実際、自分の利己の前に考えることを諦めてしまう者は多い。なぜか？　それは、利己という壁が何かに邪魔され、思いの外、厚く閉ざされているからではあるまいか。たとえば、一つの視点としては、日本の文化的背景が考えられる。

我々日本人は、農耕民族ゆえに個人より集団を重んじてきた節がある。だからか、集団を外れるのを、あるいは、集団から外されるのをことさら恐れる。また、個人プレーは、できればしないほうがよいと教えられてきた。周囲から顰蹙を買いやすいからである。

とはいっても、そこに普遍妥当的な協調性が存在するのかについては、クエスチョンマークが付くのも確かである。しかし、協調性が、個人主義・集団主義のうち、どちらにあるかの問題については、深堀するまでもなく、日本をして物語・小説と同じように哲学・思想の歴史的評価が高いかといえば、そうでもないところに、利己・本能（感情）の問題を解く鍵が隠されていると確信する。と同時に、これは、その方向性を理解することにつながるのである。

（敬体で）

❸ 仮の存在による執着の克服（煩悩の充足）

たぶん、上記ページを一読された方は、人間・社会心理に興味がおありの方ではなかろうかと思います。実は、私もその一人でして…。

ここに書きましたことのすべては、人が人として、煩悩（仮の存在による執着）を持たずに生きるには、どうしたら良いのかが、考え方の発端となっています。

「本当に、自分が正しいのなら煩悩は抱かないもの」。そう思われたことはありませんか。

煩悩を抱かないのなら、人間の利己心がもたらす「業」とは無縁でいられるはずです。どこか間違っているから、その制裁として我々に煩悩が課せられる。すなわち、「煩悩の犬は追えども去らず」となるのです。

しかし、我々が、ひとたび認識的に思考を働かせれば、煩悩の負担は軽くて済む。きっと、その時点では、利己心にとらわれず、普遍妥当（合理）的な考え方をしているからでしょう。
このことから、上に言う「正しい」と「普遍妥当的」は同義なのかもしれませんね。

❹ 個人を大切に

・「父へ母へ『愛されたかった。さようなら』…虐待被害100人、醜い親への手紙」（「yomiDr」2017-9-23）

「児童虐待を受けた100人が、親に宛てた手紙を集めた『日本一醜い親への手紙』（dZERO刊）が10月上旬に出版される。1997年、同じタイトルで10万部を売り上げた本の第2作。親への憎しみや愛されなかった悲しさ、決別の言葉がつづられている。寄稿者の一人は、取材に『虐待で苦しむ人たちに、［一人じゃないよ］って伝えたい』と話す。

1日かけてスマホで打った母への手紙を読み返す麻衣さん。憎しみと悲しさが入り交じった複雑な思いがつづられている。『お母さんを殺すか、自分が死ぬか』、『お母さんを殺すか、自分が死ぬかで何度も迷ったんですよ』

大阪府内に住む鍼灸《しんきゅう》師の麻衣さん（32）（仮名）は、母親への手紙で、自身の生い立ちをそう振り返った。

4歳の時、虐待が始まった。母親は出産後まもなく離婚しており、麻衣さんが『お父さんに会いたい』と伝えたところ、激怒して頬を思い切り殴られた。小学生になっても暴力は続き、『娘というのは、母親の機嫌次第で殴られ、蹴られるものなのだ』と思っていた。鍼灸師の専門学校を卒業後、家を出て開業したが、母親の過干渉でうつ病に。昨秋、医師の勧めで母親との連絡を絶った。それから1年。今はパートナーと子どもの3人で幸せに暮らす。

手紙では、母について『もう何とも思いません。憎むことで縛られたくない』とつづる。ただ、手紙はこう締めくくられる。『でも、本音を言うと…悲しいし、寂しいです。お母さん、あなたに愛されたかったです。さようなら』。虐待受けながら、それでも親を愛そうと…。」

好むと好まざるとに関わらず、子の何割かが、間違った愛の注ぎ方をする親か、まったく冷酷な親を持ってしまう可能性はある。それを自分が成長し、そのような親をどう思うかなのだが、反面教師でも自分が今あるのは、親のお陰と思ったほうが心には良いだろう。

たとえば、人間関係で問題を抱えたとき、親のせいだとするよりも親を庇う気持ちを持ったほうが、楽に生きられる。自分が受け入れなければ、自分の心が成長しないのも確かで、また、それができれば、自分は、親と一緒ではないんだという証明にもなる。つまり、それが自分の生きる自信につながる。

時間はかかっても良い。どんな親であっても、許すことが大切だ。そうすれば、現時点では難しくても、いずれ親のみならず、他人にさえも優しくなっている自分を発見するに違いない。

日本社会には、残念ながら家族関係の中に癒着があり、その癒着ゆえにの不幸が多いのは確かなようである。アメリカでは、親子は、日本に比べクールな関係にある。それだけ子は、成人に達するまでの間、個人を尊重することのできる環境を与えられて育つということだ。また、それが文化として根付いてもいる。日本では、家族主義を貫いているだけに、記事にあるようなことが後から後から、湧いて出てきて、住み難い社会を形成しているのではあるまいか。

視点を変えれば、それが他人への不満のはけ口ともなる。また、セクハラ・パワハラ・マタハラなど陰湿なものとなって現れることもある。そのせいか、年間2万人、3万人（*）といった具合に世界有数の自殺者数を誇っているのも確か。家族主義は、個人から考える力を奪うだけに、そろそろ日本も社会システムを根本から見直す時期にきているのではないか。しかし、残念ながら、それはしないだろう。儒教文化を残す国、日本としては。

（＊）「①『日本には年間15万人ほどの変死者がいてＷＨＯではその半分を自殺者としてカウントする。これは実に他の先進諸国の10倍です。②「警視庁で調べたという民主党の山田正彦議員によると、１９９７年に変死者９万人、２００３年に15万人だそうです。』」（「NAVER-takashi22」）。

人々が、「世間」を意識し、戦々恐々と暮らす社会は、どう考えても住みやすいとは言えず、健全な社会として位置付けることはできないというのが前々から抱いてきた社会に対する当方の所感である。

結論を先に申せば、集団主義に傾いている社会というのは、個人を豊かにする資質を欠いた社会であるということが言える。言い換えると、集団主義の基を作るのが家族主義、ここに日本社会の抱える、ありとあらゆる問題の端緒・病巣が潜んでいるといっても過言ではない。

近頃、新聞・テレビなどで、家族間の事件をことさら目にする機会が多いが、これなどはまさしく、それを疑わざるを得ない兆候として存する。つまり、それをして我々が「個」としての成長を自らの手で、阻んでしまっているのではないかとも考えられるのだ。

日本人は、家族主義に端を発する甘え・依存・馴れ合いと引き換えに、本来、備わるべき己の「個」としての豊かさを奪われてしまっているのではないかということである。

甘え・依存・馴れ合いは、個の心を盲目にする。我々がこの世に生きるということは、苦悩が付きものと考えるが、少なくとも、集団主義を脱し、個人主義にシフトしていけば、ウェットに苦悩するところからは、遠ざかっていられる、捨てて生きられる。

言うまでもなく、そこには明確な自他の区別、逆にいえば、他者への尊重・リスペクトが存するからであろう。まずもって、己のつまらぬ苦悩から解放されたければ、そこに目をくれるべきかもしれない。

自他の区別のないところには、「個人の尊厳」は生じない。そこにあるのは、甘え・依存・馴れ合いに彩られた心のみ。即ち、我々が観念の中で、己の利害を離れフラットに内と外を区別しようとしても、それを阻んでしまう原因がそこにある限りにおいて、普遍的な区別に立つことは不可能である。ゆえに深い平穏・安らぎを安定的に得ることは難しい。

我々は、苦悩から逃れようとして、必然的に被害者と加害者を己の中に同居させてしまうわけだが、被害者を自分自身だと思い込んでも、他者を慮らないことで、自分自身が実は、加害者としての側面を持つことには気付かない。実際に、我々は、そうして暮らしている。

甘え・依存・馴れ合いといった本能の代償は、目に見えない分、我々の人生に暗い影を落とすように思えるのだが…。

❺ 点と線の論理（旅にて「心象」２０１７年２月）

●現象は点で起きる。次に点が線になる。その過程で人は喜怒哀楽の感情を持つ。線に至って内観があれば、安らぎを覚えるが、そうでない場合は怒りを抱くことになる。これ、物事の道理か。

●点というのが二元論。線が三元論。「点」を見る我。「線」を見る我。どちらを選ぶか。これは人が人として生きる上で、非常に大事なテーマであり、重要な問題を含んでいる。直面する事象が「線」で見えるならば問題はない。しかし、「点」で見えると心は落ち着かない。安定しない。人はまず、「点」で見えるよう仕組まれているから厄介なのである。

●点の経過が線であり、時間。つまり、点の経過は時間である。この世のありとあらゆる現象は点にはじまる。そして、やがて線に変わる。しかし、ある地点でそれが再び、形を変えた点（煩悩）になる。即ち、いつも物事は点ではじまり、これが物事の起こりとなる。点そのものを見たとき、人は喜びか怒り、または不安を示す。人生の多くの事象が、なぜか、負を際立たせることに忙しい。

そこに時間が加わることによって点を消化する。消化したとき心は和らぐ。これが「楽」であり安心である。さらに時間が経過し、物事の起こり、つまり点が記憶のかなたへ去ったとき、「哀」（悲哀）を感じる。そのプロセス、一連のプロセスに内観がある、反省がある。心の熟成、成熟がある。

そのプロセスにおいて三元論へと昇華できないと人は苦悩と無縁ではなくなる。苦悩をその度合いに応じて背負い込むことになる。それが中途半端なときにである。線がその者にとっては点。

いつまで経っても点となるからそこに固執しなくてはならない。即ち、そこが二元論ということ。パッと本能的にしか物事を処理することができないと、その時点で心が閉ざされる。向上することはない。それは、人間としての宿命であり、誰しもが経験していることだろう。今、私は、こう書いてはいるが、そのことに明確に気付き出してあまり間はない。時に人は、完璧ではないがゆえに、課題に直面して立ち往生することもある。

●点には点で返すとき、それは争いを呼ぶ。恨みを伴った争いとなる。二元論の応酬。これ以外の何物でもない。恨みを持った争いは苦悩を伴う。これは、心ある人間のすることではない。論理的な争いならいくらでもするがよい。そこに恨みは伴わないからだ。あるのは論理の応酬のみ。

●「線」という時間軸で考えるとき、「相手のことは自分が考える問題ではない」という場面に立ち会うことがある。そこでは相手がどうするかを選ぶ。これが問われている。それから先のことは知らない。自分はそこに働きかけをした人間ということ。その立場を越えることはない。人にとって賢明な人生とはそういうものではあるまいか。

何かを提示・提案する、あるいは、したときには、言葉は悪いが、時に「私の知ったこっちゃない」という冷めた見方も必要である。そうすることで相手にも負荷を与えないで済むことにつながる。ただ、決着は必要、先へ進むために。相手を慮ることもここに入っている。

●二元論とは、「点」で考える思考で、常にそこにあって人は自己を「劣」（＊）の中に置いている。即ち、それは、上下・優劣の中にある状態をいう。

（＊）「劣」＝妙に思われてはいやしまいかという不安、本能的一体化と表裏一体。自他の区別の希薄。

●思考の点は、時間が経ってもしばらくは、線にならずに点のままの状態を維持し、点として残る。瞬間的に点を線に変えるためには、即座に点と点をつなげる作業が必要になる。この作業が思考濃度。課題の分離を伴った思考力が要求される。結果、線を得る。そして、人は不安解消がなされ、安心する。

●「点」で捉えたとき、どれだけ利己主義を排し、普遍妥当的でいられるか。これは線（観念）

の結果として現れる。ほとんど日本のＴＶ番組は、人の感情を煽り立てるように作られているように見えるが、作るほうも視るほうも人々の観念がそうさせているとするならば、いかにその濃度が希薄かが伝わってくる。このような事例はまことに多い。

●「点」の誤謬がある場合が、最も厄介な問題になる、のちのちにおいて。「線」に立って、どうしてもそこに観念的な捉え方をしなくてはならなくなる。感情に任せておいては、おそらく自らを保てないほどの負荷を背負わされることになるからだろう。ひょっとして人間の心（脳）の発達・進化には、それが欠かせないファクターとして与えられているのではあるまいか。

推進力は、「何故、何故、何故」という疑問である。問いかけである。これが強くなると怒りを鎮め、喜びに変えることができる。怒り（＝不安）には外に対し、排他・排斥と自分に対し、閉鎖（性）・閉塞（性）が生ずる。ここに心が陥ると、もはや苦悩しかない。言い換えれば、人間は疑問に対し、問いかけをすることをしなければ心（脳）の発達・進化はない、ということ。逆に言えば、人間が発達・進化していくためには、それを避けられないということである。

しかし、それを邪魔するのは、感情が共にあるという共感である。これは利己心（＝原因は家族主義にある）がもたらす。それが強ければ強いほどそこに陥りやすい。利己心の濃度を抑えた共感であれば、それは普遍妥当に根差したものとなるがゆえに協調とも相まってすばらしいことなのだが、いかんせん、低次のそれは、社会をもダメにする。

もっとも社会の顔が個人、個人の顔が社会であるならば、その質を上げていくにはやはり相当な時間がかかるであろう。一朝一夕にはいかない。

●アドラーは、人間の苦悩は人との関り、交わりに原因があるといったが、まさにその通りであり、人間はそこに見える現象の一点に苦悩・怒りを持つ。また、その一点に安らぎ・喜びを持つ。後者のそれを持つには、線を見ることである。点をすぐに線に変え、線を見ることである。線の予見。心の貧しさにその一点は比例するので、観念の熟成を怠ってはならないだろう。線の予見＝観念の予見。

●点で見るとダイレクトに自分とつながる。それが相対的であるということ。つまり、二元であるということ。点そのものに観念（この場合、主観、本能的なもの）が入っている。その点を主観的に捉えるか客観的に捉えるかによって、また、利害が発生しているのか、すでに喜びの場面であるのかによって点の色合いは異なってくる。

だから、二元論、三元論、どちらが目の前にある点に入っているかによって、人間として見えるものが異なるのである。というより見え方が異なってくるのである。思慮が深ければ、普遍に近付く。浅ければ、迷う。また、深ければ安定し、浅ければ不安定になる。つまり主観の中で苦悩する。ポイントは、目の前にある事象が点に見えるか線に見えるか、ということ。

・学問研究の論理だけでは心の核心部分は見えない

●見る物、見える物にすでに観念の度合いが入っているのでは、と解する。主観的に映って見えるか、客観的、時間の隔たりとして見えるか、ここに観念の修養の違いが出る。観念の修養というのは、単に記憶（覚える）するだけではない。論理的につなげるという思考がオリジナリティを伴って実現する必要がある。いくら論理的につなげることをしたとしてもオリジナリティを伴わない場合、やはり人間は、観念の度合いを深めることはできないであろう。即ち、点は浅くしか映らないがゆえに二元論となりがち。ここに我々は、注意する必要がある。

●点にすべてが凝縮される。見つめる一点に、その者の人間としての全能力が凝縮されている。点を点で捉えるか、点を線で捉えるか。前者には利己主義・エゴが、後者には愛・博愛が存する。

・もう一つの「点」（対面が過ぎ去っても点は現れる。煩悩として）

●「点」は対面で現れるだけでなく思考の中に現れる「点」もある。そこにおいて点に直面するとき、つまり思考の点を抱くとき、人は煩悩に陥る。この場合の点は点だとはイメージし難い。心の隙を突いての点であろう。だが、「点」には変わりはないがゆえに、対面での点と同じで「線」に変容は容易。ただ、そこにある自分、陥っている自分に気付かない限りは、はじまらない。一旦、煩悩に陥るとなかなか心が浮上し難いのも確か。煩悩の正体とは、自分がその点に執着するあまり、線に気付かないことなのだから…。

・逆説的「点」

●アドラーは「課題の分離」（＊）をせよ、とこそ言わなかったが、「課題の分離」を提唱したことで知られる。

もし、それを命令形で「…せよ」と言ったとするならば、他者へというよりも、まずは、自分への問いかけとして言ったであろう。否、自分そのものに対して、そう言ったと解するのが正解だろう。その場面では、かかるそれを当然、自覚していたことになる。その意味においてもまた、自分というものを知らなければ、他者に対し、何事も二元論的に助言すべき言葉ではないことがわかる。言えば、心が点（相対）と化す。

たとえば、自分という存在が現在にあって、もう一人の存在、即ち今しがたの過去、あるいは過去に問いかける。ここに相対を離れた「線」が生じる。現在の自分が過去に反省を促し、過去から何がしかのフィードバックを受けて起立する。過去と現在の対話。これを行なうのが内観である。言い換えれば、それそのものが、点を俯瞰する位置にあるということで、「三元論」という言い方ができる。

（＊）アドラーは、フロイト・ユングと並ぶ心理学の三巨頭の一人であることは、つとに有名である。

ちなみに、この「点と線の論理」は、上信越方面の旅にて、ふとしたことから思い浮かんだのをメモに書き残したもの、そのリライト。

さて、「課題の分離」についてだが、日常の様々な場面で、「課題の分離」の必要性が出てくる。それは、自分の心に負荷を与えないための工夫である。毎日を健やかに暮らすためにも、それを実行に移したいものである。それでは、それができないとどうなるであろうか。

直面する問題が、本来、相手の問題であるにもかかわらず、あたかも自分の問題であるかのように錯覚し、処理しようとするから相手の行為に怒りを覚えることになる。あるいは、相手のすべきことと、自分がすべきことを混同して処理するからつまらぬ苦悩を呼び込んでしまうことになる。

総じて、苦悩しやすいタイプは、自分と他人を一緒にしてしまう…本能、またはカオス、これを抱えているのが家族。そこへの依存・分別の度合いに応じて、認識に欠ける状態を作る。このことは、同時に対人関係のありとあらゆる問題の根幹にあり、ときにそれがトリガーとなって問題をこじらせる。

たとえば、誰しもが、一度や二度は経験があるであろう偏見・差別の問題にも、これは気脈を通じている。それを加える側としては、実は、「自他の区別」をしたいがために、そこに拠り所を求める。しかし、残念ながら、二元論の中にあっては、それは成就できない。続きは、次回に譲ることとする。（2017．2．25）ヒロ

（著者）　せきでん ひろし

（著作権者） 石田博嗣（イシダ ヒロツグ）

（プロフィール）

全共闘運動の余波の残る70年代前半が、幸か不幸か筆者の青春時代。その地は3大都市圏の1つで、高3に進級した年、突然、父親が、勤務先から遠く離れた地方の職場に転職（＊）する。その頃、大学の推薦入学がほぼ、決まっていた時期でもあり、父親に単身で行ってもらえないかと告げてはみたものの、なしのつぶて状態。母親と弟は父親には逆らえず、父親に同行し、残されたのは筆者一人。

（＊）当時の日本は、経済成長の只中にあり、地方の町では、企業誘致が盛んに行われていた。父親はその頃、社員３００人ほどを擁する企業で労働組合の執行委員長をしていて、これが縁で、各企業の労働組合を束ねる上部組織の目に留まり、地方工場のトップとして采配を振ってみないかと誘われる。（リタイヤ後は、古巣の政令指定都市で行政委員を務め他界。

冥福を祈るのみ）

当座の生活費を渡され、その中から部屋を借る費用を捻出。高3にしてアパート暮らしを余儀なくされる。推薦入学と出席日数（卒業単位が不足していたため、産業能率短大通信教育部が行う大学入学認定試験を上京して受験・合格。4月に入学している）を除けば、10代は無事に経過。20代に入り、世の様々な不条理を肌で感じながら、今でいうフリーターを経て、某大手投資顧問会社に就職。そして、23歳でヘッドハンティングを経験する。小規模ではあるものの投資顧問会社の代表取締役に就任。退任後、特許管理士として企業の様々な領域の技術開発に参加。

今は（インド古来の言葉を借りれば）林住期にあって、若者の置かれた「状況」や「生」を憂い、国を憂い、また思いつつの日々を送っている。（現）テクニカル分析を軸にデイトレーダー。家は、戦後の農地改革で没落、元地主系譜の務めとして「遺族の家」（鎮守府二名）祭祀主催。

（最終学歴）

立命館大学文学部人文学科中退。その後、機会を得て、他大学に再入学し学士取得（法学）

（資格・免許）

中・高教諭免許

（著作権等について）

この本の引用、転載等の可否に関しては、著作権および各種関係諸法に従います。万一、その範囲を超え、著作権者の許諾なしに使用した場合は、処罰の対象となります。この旨、何卒、ご理解ください。

酒とシンナー事情（英米追補）

2023年7月21日　第1刷発行

著　者――せきでんひろし
発　行――日本橋出版
〒103-0023　東京都中央区日本橋本町2-3-15
https://nihonbashi-pub.co.jp/
電話／03-6273-2638
発　売――星雲社（共同出版社・流通責任出版社）
〒112-0005　東京都文京区水道1-3-30
電話／03-3868-3275

ISBN 978-4-434-32129-0